NUEVOS ESTUDIOS SOBRE MARTÍ

COLECCIÓN FORMACIÓN MARTIANA

EDICIONES UNIVERSAL, Miami, Florida, 2002

ROSARIO REXACH

NUEVOS ESTUDIOS SOBRE MARTÍ

INTRODUCCIÓN DE
EDUARDO LOLO

Copyright © 2002 by Rosario Rexach
© de la introducción: Eduardo Lolo

Primera edición, 2002

EDICIONES UNIVERSAL
P.O. Box 450353 (Shenandoah Station)
Miami, FL 33245-0353. USA
Tel: (305) 642-3234   Fax: (305) 642-7978
e-mail: ediciones@ediciones.com
http://www.ediciones.com

Library of Congress Catalog Card No.: 2002105712
I.S.B.N.: 0-89729-990-6

Diseño de la cubierta: Luis García Fresquet

Todos los derechos
son reservados. Ninguna parte de
este libro puede ser reproducida o transmitida
en ninguna forma o por ningún medio electrónico o mecánico,
incluyendo fotocopiadoras, grabadoras o sistemas computarizados,
sin el permiso por escrito del autor, excepto en el caso de
breves citas incorporadas en artículos críticos o en
revistas. Para obtener información diríjase a
Ediciones Universal.

CONTENIDO

	Página
Introducción, por Eduardo Lolo.	7
Vida y obra de José Martí.	23
Martí en España.	44
José Martí en 1894: Concreción y consagración de una vida.	50
Martí: Cartas a una niña.	63
Las biografías de José Martí.	76
El periodista que fue José Martí: Cómo se gestó.	87
Reseña del libro *The Columbus' Gallery* de Néstor Ponce de León, por José Martí, en *Patria*, 1893.	100
Significación y premonición de la muerte en José Martí.	107
Presencia de similitudes entre Martí y Unamuno.	113
Poética de José Martí.	125

APÉNDICES

Apéndice I: Reseña literaria.	147
Apéndice II: Reportaje periodístico de 1953.	154
Apéndice III: Bibliografía (1938-2002) de R. Rexach.	162

Rosario Rexach en 1951, según una caricatura de Conrado Massaguer.

INTRODUCCIÓN

A punto de cumplirse un siglo y medio del nacimiento de José Martí, se hace más que evidente cuánta razón tuvo Gabriela Mistral al calificar la obra del patriota cubano como una "mina sin acabamiento." Los estudios sobre el *corpus* martiano, luego de un tímido inicio estando Martí vivo todavía, se han multiplicado proporcionalmente al tiempo transcurrido desde entonces. A veces se trata del resultado de una nueva lectura de obras conocidas; otras, del descubrimiento de una pieza olvidada que explica o ilumina trabajos anteriores o pasajes de su propia vida. Críticos e historiadores encuentran siempre una veta inexplorada o poco conocida que reafirma o complementa lo que se sabía, pone de manifiesto algo desconocido, o confirma lo que era hasta entonces sólo intuición o conjetura. El punto de partida puede ser una nueva óptica interpretativa, una crónica desempolvada, un suelto noticioso que había pasado inadvertido, una nota al margen de un libro, o una simple dedicatoria –aparentemente convencional– por más de un siglo agazapada llena de sentido entre las tapas de un viejo librito. En todos los casos, se trata de un cavar profundo que se ha extendido por varias generaciones. Dieron los primeros golpes de pico e historia sus amigos y discípulos directos. Han seguido el esfuerzo estudiosos y admiradores a más de un siglo de distancia y de nacionalidades múltiples. El final es casi siempre luz. Lo cual no es nada raro tratándose de un hombre que dedicó su vida y su talento a combatir las sombras.

Dada la importancia de Martí en la formación de Cuba como nación, no es de extrañar que la bibliografía martiana cubana supere cuantitativamente las de otras nacionalidades. Hay en ello mucho de deuda y homenaje, pero también de búsqueda existencial: ir a Martí se ha convertido en el camino más propicio de los cubanos para entenderse a sí mismos en tanto que piezas agónicas de un pueblo cuyo devenir histórico se encuentra indisolublemente ligado a la obra martiana. En efecto, la historia de Cuba en el último siglo se ha debatido entre un construir y un destruir del ideario forjado por el genio de Martí. Él ha sido el punto de partida espontáneo o constreñido de las fuerzas del amor y del odio —en todas sus aristas políticas— que han determinado la vida de la Isla desde su época hasta el presente. Usado y abusado a la par por parcialidades antagónicas y excluyentes, lo salva siempre su propia obra. Ciertos personajes de la historia reciente, por medio de los más rebuscados malabarismos ideológicos, han venido intentando —demagogia en ristre— una lectura 'al revés' de los textos martianos, como puede apreciarse en la mayoría de la bibliografía martiana oficial de la Cuba del totalitarismo, con más de cuatro décadas de falsificaciones en su haber. Pero la verdad es sólo verdad al derecho; al final, desde un recodo de la mina 'oficialmente' escamoteado, viene a su rescate la misma obra de Martí o un estudio de estreno contentivo de una nueva forma de ver más profunda que termina haciendo trizas la demagogia. Porque es el caso que la verdad tampoco tiene acabamiento.

La bibliografía martiana del exilio de la Cuba castrista ha sido un elemento fundamental en esa misión de rescate señalada. Algunos estudiosos —por razones cronológicas, profesionales u otras— se adentraron en la mina ya estando fuera del país, para emerger con trabajos que resultan hoy imprescindibles para un cabal conocimiento de la obra y vida de Martí. Baste citar a Carlos Ripoll y a José Olivio Jiménez como exponentes de ese grupo. Les precedieron quienes habían comenzado sus investigaciones martianas en la Isla y las continuaron en la diáspora, precisamente por su fidelidad al codicilo estudiado. Entre ellos cabe destacar a Jorge Mañach y a Oscar Fernández de la Vega, entre otros. Aunque en ese grupo quien extendería por más tiempo su dedicación al legado de Martí sería una mujer diestra "en el arte de enseñar a pensar"[1], ejercido sobre varias generaciones de cubanos: Rosario Rexach.

LA AUTORA

Cuba era una república adolescente cuando llegó a la vida Rosario Rexach, en una cuna humilde. Habla muy bien de esa Cuba el hecho de que la joven Rosario, a pesar de su modesto inicio y su condición de mujer en un mundo donde todavía las mujeres eran ciudadanos de segunda clase, pudiera completar una sólida formación académica y ascender a los más altos peldaños de la escala cultural de su tiempo. Y es que en ese país imberbe era ya posible encontrar las semillas que, una vez germinadas, pondrían a Cuba entre las naciones latinoamericanas más destacadas de su tiempo. Aunque también las primeras cepas del virus que, a la postre, acabaría con la República misma. Rosario Rexach es el producto feliz de esas semillas y luchadora infatigable contra ese virus.

Su primer paso, como el de muchas intelectuales cubanas de la época, sería la Escuela Normal para Maestros. La formación allí recibida terminaría siendo no sólo un elemento fundamental de su vida, sino también de su estilo, como luego veremos. De estudiante universitaria, jugó un papel importante en la lucha contra la dictadura de Gerardo Machado y abrazó activamente los principios de igualdad y justicia que se convertirían en el punto cierto de todas sus partidas. De ahí que no extrañe el contenido de su primer trabajo publicado: "Orientación vocacional de la mujer en Cuba", aparecido en el periódico *El Mundo* en 1938, donde aboga por el avance de la mujer cubana de entonces en el campo artístico y profesional. Pero posible-

---

[1] Gastón Baquero, "Invitación al viaje (otra vez) hacia José Martí." En: Rosario Rexach, *Estudios sobre Martí*. Madrid: Playor, 1985. Pág. 8.

mente el punto culminante en su formación intelectual sería su asociación profesional con los educadores Roberto Agramonte y Jorge Mañach, conocidos estudiosos de Martí y personajes históricos ellos mismos dentro de la primera República de Cuba. Particularmente Mañach es considerado el mejor ensayista cubano del siglo XX, con una vasta obra que se resiste a perder vigencia y sigue apelando a los lectores actuales como lo hacía varias décadas atrás. Así, gracias a la plaza que ganara 'por oposición' en la Universidad de La Habana, Rosario Rexach tuvo el privilegio de beber directamente de una de las fuentes fundamentales de la cultura cubana. Y ser también su más cercano colaborador en proyectos pedagógicos tan avanzados que hoy en día se consideran modernos. Informa al respecto Patricia Pardiñas-Barnes:

...Rexach was among the first Cuban women involved with pedagogical applications of modern technology. Her voice was heard via CMQ radio waves from 1949 to 1953, where she participated in "long-distance learning" (in today pedagogical jargon) at La Universidad del Aire, opening the virtual classroom to as many Cubans as possible to present and discuss national identity concerns and cultural issues. La Universidad del Aire was a cutting-edge educational program created by Jorge Mañach, her mentor and university colleague.[2]

Ese llevar la escuela más allá de las aulas tradicionales sería una constante en los esfuerzos de Rosario Rexach en la promoción de la cultura. De ahí que junto a figuras tales como Anita Arroyo y Elena Mederos —entre otras destacadas intelectuales cubanas de la época—

---

[2] Patricia Pardiñas-Barnes, "Letters from Harvard. Enrique Anderson Imbert (1910-2000) and Rosario Rexach (1912-). A generational account of an epistolary friendship)." *Hispania* 84.2 (May 2001). Page 160.

haya sido parte activa de la Sociedad Lyceum de La Habana, organización privada dedicada al fomento de la cultura que se colocaría a la cabeza de las entidades culturales criollas de entonces y de la cual Rosario Rexach sería elegida Presidenta en dos oportunidades.

El posterior desplome de la República de la cual había sido producto arrojaría a Rosario Rexach a las siempre extrañas tierras del exilio. Desde el punto de vista intelectual tal experiencia no creo le haya sido del todo desconocida. Sus estudios de la vida y obra de Félix Varela y José Martí puede que ya le hubieran dado un atisbo de ese soñar sueños ajenos que es el exilio. De pronto la cubanía en la diáspora, que había sido hasta entonces objeto de estudio, se le convirtió en objeto de vida. Pero para Rosario Rexach, como para la mayoría de los exilados cubanos, Cuba en la lejanía se haría más Cuba aún.

Ese ahondar en su identidad nacional y los fundamentos de su cultura no era nada nuevo en la obra de Rexach. *El pensamiento de Varela y la formación de la conciencia cubana* data de 1950, un enjundioso ensayo donde va identificando, con mirar a su alrededor histórico y cultural, elementos evidentemente entroncados en la obra del presbítero. Un poco más adelante, en 1954, publicaría *El carácter de Martí y otros ensayos*, uno de los trabajos individuales de más solidez intelectual de los editados con motivo del Centenario del Apóstol. Lógica continuación y profundización de ese ir a la semilla, aun lejos del tronco, serían estas tres colecciones de ensayos publicadas en el exilio: *Estudios sobre Martí* (1985), *Dos figuras cubanas y una sola actitud* (1991) y *Estudios sobre Gertrudis Gómez de Avellaneda. (La reina mora del Camagüey)* (1996).

El primero, con prólogo de Gastón Baquero, reproduce en su primera parte el libro publicado en 1954 y que el gobierno castrista trató de hacer desaparecer, y reúne en la segunda nuevos ensayos sobre Martí escritos en el exilio. Median, entre una parte y otra, no sólo tres décadas, sino también la distancia entre el dolor referido y el pesar conocido, entre el homenaje optimista y la historia repetida. En la primera parte, se hace evidente que la autora es un producto tangible del martianismo –aunque incompleto– de la primera República de Cuba. Escribió la segunda parte una seguidora de Martí en el exilio por la traición absoluta de ese ideario estudiado. Martí es el mismo e iguales las pupilas que lo escudriñan, sólo que en la segunda parte éstas están humedecidas. La Rexach escribe sobre Martí en Nueva York y en España porque ahora es ella quien vive desterrada, como el objeto de sus investigaciones e interpretaciones, en esos lugares. Así, estudia al Apóstol andando sobre sus huellas en la nieve neoyorquina, palpando en los muros antiguos de Madrid la superficie de los muros habaneros de su infancia y juventud. Como Martí casi un siglo antes, tiene que hacer también una gran decisión. Y no duda un instante: permanecer, sin componendas con el yugo, en el exilio. De paso sigue su vocación de maestra, incluso –como en La Habana– más allá del salón de clases, y con el mismo éxito. De ahí que, entre otros reconocimientos recibidos en el extranjero, haya sido elegida académica de número de la Academia Norteamericana de la Lengua Española.

Pero esa mirada desde 'afuera' le permite conectar la historia pasada con la presente al punto de casi borrar sus fronteras temporales. Nada sorpresivamente se percata de que la cultura cubana es un fluir que puede repetir, cíclicamente, la presencia de una figura que, pese a las diferencias físicas y epocales, representa un mismo elemento que trasciende. Tal es el caso de Félix Varela y Jorge Mañach, a quienes estudia y eslabona en su segunda colección de ensayos publicados en el destierro. Ve en ellos una sola actitud, producto en ambos de un tormento similar. De momento, Varela se desintoxica de pasado y emerge en Mañach. Aquella Cuba de la Colonia se hace esta Cuba del totalitarismo. Hay una misma actitud porque hay un medio similar y una valentía semejante para enfrentarlo. La Rexach los estudia y nos hace llegar a la conclusión de que semejante actitud está del todo vigente, de que en cualquier momento daremos la bienvenida a un nuevo Varela-Mañach. Y algo de eso me permito conjeturar andaba en su mente cuando escribió la dedicatoria del libro. Sus trabajos anteriores habían sido dedicados a afectos de su entorno familiar: a la memoria de sus padres, a su hermano Eduardo, a sus sobrinas-nietas. Aquí reza: "A la memoria de Reinaldo Arenas, buen amigo, gran cubano y excelente escritor." ¿Acaso el libro no trataba de Varela y Mañach, buenos amigos, grandes cubanos y excelentes escritores?

La tercera colección de ensayos como que continúa la labor iniciada con su artículo de 1938 ya nombrado y su faena en la Sociedad Lyceum: el desarrollo de la mujer en la cultura. Sólo que aquí trata de ilustrar con el mejor ejemplo cubano tal mundo de posibilidades. Sus estudios sobre la Avellaneda, con prólogo de Marina Gálvez Acero, la acercan a esa mujer en la cultura que es la propia Rexach y exhorta implícitamente a las demás mujeres cubanas a traspasar el umbral. Juzga así la colección su prologuista:

> A pesar de su brevedad, los artículos aquí recogidos ofrecen una excelente lectura de la Avellaneda. Del más pequeño acontecimiento a la más amplia panorámica, todas sus referencias demuestran un amplio y maduro conocimiento de la obra y personalidad de la escritora cubana. Las sabias intuiciones que los van salpicando sugieren además nuevas perspectivas de análisis o revelan los hilos que van uniendo unas obras con otras o los temas auténticos que se esconden tras las respectivas anécdotas.[3]

---

[3] Marina Gálvez-Acero, "Introducción." En: Rosario Rexach, *Estudios sobre Gertrudis Gómez de Avellaneda. (La reina mora del Camagüey)*. Madrid: Verbum, 1996. Páginas 14-15.

Para señalar de inmediato que "Y es que, salvando las distancias temporales y la anécdota más personal, existe un cierto paralelismo entre la ensayista y la autora analizada, que se traduce en la perfecta sintonía que todo buen análisis demanda."[4] No en balde puede Rosario Rexach estudiar con tanto conocimiento de causa la nostalgia de Cuba en la obra de la reina mora del Camagüey. Es, en definitiva, su propia nostalgia.

Estas tres colecciones de ensayos, no obstante la importancia que le han reconocido los numerosos críticos que las han reseñado, sólo recogen una parte de los estudios de la Rexach publicados hasta ahora en periódicos y revistas especializadas de varios países. Una incompleta lista de sus publicaciones cubre varias páginas de apretado texto. Sus trabajos han aparecido en revistas tan prestigiosas como *Cuadernos Americanos*, la *Revista de la Universidad de La Habana*, *Cuadernos Hispanoamericanos*, *Revista Hispánica Moderna*, *Revista Cubana*, *Revista Ínsula*, *Anales de Literatura Hispanoamericana*, *Hispania*, *Círculo: Revista de Cultura*, *Linden Lane Magazine*, etc. Otros han sido publicados en memorias de conferencias y congresos de importancia. Una rápida lectura de los mismos llama la atención por la versatilidad y amplitud de los temas tratados. Baste señalar "La novela como género literario" y "Texto y contexto venezolanos en los cuentos de Rómulo Gallegos", en que la autora se lanza fuera de la cultura cubana y entra de lleno en el campo teórico o foráneo, pero con esa profundidad en el análisis a que nos tiene acostumbrados.

En todos los casos se trata de estudios que se caracterizan por la seriedad y hondura de su investigación previa y el acabado artístico de su presentación. Todos emprenden y concluyen un viaje al ánima y al

---

[4] Idem. Página 15.

pensamiento del autor o la pieza estudiada mediante un estilo único, fácilmente identificable.

Esa personalidad estilística es, precisamente, uno de los relieves más destacados de la obra de esta autora. Algo nada común, por cierto. En efecto, la prosa ensayística –y particularmente la crítica literaria– es un género donde son muy pocos los que logran encontrar y desarrollar un estilo propio que permita la identificación autoral de un texto mediante una primera lectura. Tal parece que la poesía y la narrativa son géneros más propicios a la creación de esos 'sellos' personales que aparecen en las obras representativas de poetas y narradores conocidos. O que nos basta con una construcción decorosa y un uso adecuado del idioma. El contenido, donde volcamos nuestros casi siempre agónicos descubrimientos e interpretaciones, como que nos encandila en el acto de la escritura. Creamos el texto como ansioso vehículo de comunicación del resultado de nuestros hallazgos y respuestas, olvidando muchas veces que al escribir sobre literatura utilizamos un género que es también literario: el ensayo, propenso a la belleza y a la creación artística con no menos posibilidades que el teatro o la poesía.

Rosario Rexach es una excepción. Su prosa ensayística *es* literatura, aun cuando sea la propia literatura su contenido. Nos habla del arte de otros mediante su propio arte, como si las olas comentaran el mar o el frío la nevada. Forma y contenido van de la mano hasta el fondo de la idea y el alma del texto estudiado, conformando sus propias alma e idea en tanto que nuevo texto literario. De ahí esa voz personal que desarrolla al estudiar otras voces. Porque es el caso que Rosario Rexach escribe 'a *la* Rexach', en fórmula que se completa cuando el receptor disfruta tanto lo que recibe como la forma en que lo recibe.

Tal voz propia se caracteriza, entre otras cosas, por una marcada añadidura de elementos 'orales' al texto gráfico. La escritora comparte su espacio con la maestra, como si el aula tomara por asalto la página desprevenida. En consecuencia, Rosario Rexach se lee y se 'oye' al mismo tiempo. Oraciones de cierta longitud son interrumpidas por cláusulas breves de indudable oralidad. La autora las utiliza a veces como conclusión o reafirmación de un contenido, como cuando asevera "Se comprende." o "Así es." o un escueto "Comprensible." Otras veces actúan como pórticos a la idea a desarrollar, como al anunciar "Me explico." o "Pero, cuidado." Completada la idea, en ocasiones la da por terminada con expresiones tales como "No insisto más.", "A qué seguir.", etc. O concluye con un lacónico "Termino. Nada más.", cuando en realidad sabe que no ha terminado, que hay mucho más: esa cascada de ideas e inquietudes que deja en el lector una vez concluida la lectura.

En otras oportunidades invierte la fórmula y añade a las cláusulas pequeñas una alta carga literaria. Se trata de una unión de sonido y grafía en la palabra escrita que parece utilizada, en ocasiones, como la búsqueda de un camino distinto por el que llegar a un sitio ya conocido. Por ejemplo, analizando el cuento de Rómulo Gallegos "Paz en las alturas", luego de citar un fragmento del mismo de largas oraciones, lo concluye e interpreta así: "Es decir, no pena o piedad. No angustia desvelada. Sólo rencor. Y esto en una madre. Casi parece imposible creerlo. No hay por qué seguir."[5] En otros ejemplos como que recuerdan el fluir de la conciencia, aunque sin el hoy manido recurso de la omisión de los signos de puntuación. Es la Rexach pen-

---

[5] Rosario Rexach, "Texto y contexto venezolanos en los cuentos de Rómulo Gallegos." En: *Relectura de Rómulo Gallegos*. Caracas: Instituto Internacional de Literatura Iberoamericana, 1980. Pág. 298.

sando con todos sus puntos y sus comas, sólo que a través de la lectura descubrimos que habíamos estado pensando lo mismo, aunque probablemente incluso sin palabras definidas, en ese lugar del pensamiento inefable que llamamos alma. Véase el siguiente ejemplo de su epílogo a *Dos figuras cubanas y una sola actitud*:

Jorge Mañach ha muerto. Y ha muerto increíblemente en el exilio. En un exilio por demás doloroso. Los anteriores no habían sido realmente exilios. Eran otra cosa. Eran suceso exterior. Pura peripecia. El alma no estaba comprometida en ellos de la misma manera. Habían sido exilios debidos siempre a la falla de un mecanismo exterior. Y en tal sentido dejaban intacta la esperanza y fuerte la ilusión. El de ahora es otra cosa. Es un exilio de intimidad. Yo sé que la frase casi parece un sinsentido. Pero es así. Pues todos, quien más, quien menos, somos exiliados de una gran ilusión. Jamás pudimos presentir por eso que fuera tan desoladora la realidad que tendríamos que confrontar. Y exigía una fortaleza de titanes. Muchos han caído en el camino. Pero el más ilustre ha sido y será, seguramente, Jorge Mañach.[6]

Pero aunque el ensayo es, por antonomasia, el género que todos asociamos con Rosario Rexach, no es el único que ha cultivado. Mucho antes de que se pusieran de moda en la narrativa femenina las combinaciones inter-genéricas no tradicionales (tales como novela y recetas de cocina, o narrativa y letras de canciones), la autora que nos ocupa dio a conocer su novela *Rumbo al punto cierto* (1979), en que une la narrativa con el sub-género en el cual ya había alcanzado una inusitada maestría: la crítica literaria. El leer aparece en la novela como parte de la trama. Es una pieza hecha con lecturas y referencias a otras obras de ficción; una narración que se narra ella misma y, luego,

---

[6] Idem, *Dos figuras cubanas y una sola actitud*. Miami: Universal, 1991. Pág. 236.

se estudia con ojo crítico. Los personajes van desenvolviendo el llamado "boom" de la narrativa hispanoamericana sin que por ello se prescinda de autores tales como Calderón, Martí o Campoamor. En la novela los personajes tienen la lectura como parte de la acción: se vive y se lee, se lee y se vive, sin que quede del todo claro si en su orden natural o si se lee la vida al tiempo que se vive la literatura. El protagonista inicial, a diferencia de lo que podría esperarse de una narradora femenina, es un hombre: el escritor que se propone escribir la novela que parte de la novela que vamos leyendo, las cuales, al final, se tornan una sola. La completa su devenir como obra una vez desaparecido el autor, su recepción por el personaje que le diera vida, y su estudio. Vuelve la ficción a la vida, todavía dentro de la ficción; novela que se desnovela para novelarse, como si hubiese que desvivir la vida para vivirla plenamente. Odón Betanzos habla, con relación a *Rumbo al punto cierto* de "personajes ficticios que viven y se enlazan con los de carne y hueso"[7]. La dificultad reside en separar los unos de los otros. En tanto que exilados cubanos (porque se trata de una novela del exilio) nunca sabremos si terminamos leyendo la vida o viviendo esta novela que se resiste a ser encasillada. Para su protagonista, Roma es el punto cierto al que nunca llega. Conjeturo que puede haber tantos puntos ciertos como lectores se adentren en esta narración. O un mismo volar rumbo al mismo punto cierto de todos los desarraigos. Al que siempre o nunca habremos de llegar.

LA OBRA

Esta es la tercera colección de ensayos martianos de Rosario Rexach. Sigue a *El carácter de Martí y otros ensayos* (1954) y *Estudios sobre*

---

[7] Odón Betanzos, texto de solapa en: Rosario Rexach, *Rumbo al punto cierto*. Madrid-Nueva York: Editorial Mensaje, 1979.

Martí (1985), ya referidos. Recoge los trabajos sobre el Apóstol escritos por la Rexach luego de la aparición del último de los libros señalados hasta la fecha, fundamentalmente en el entorno de 1995. Esta compilación concluye, entonces, un ciclo martiano que va de Centenario a Centenario y, por la fecha de su publicación, próximo al 150 Aniversario del Natalicio del Apóstol. Ello significa en la obra de Rosario Rexach medio siglo de extracción continua, a fuerza de pluma y dignidad, de la "mina sin acabamiento" de que hablaba la Mistral. No conozco de otra mujer que haya extraído de tan hondo (y por tanto tiempo) de las insondables galerías martianas.

Forman esta entrega 10 ensayos seguidos de dos trabajos menores y una bibliografía activa a manera de apéndices. Abre la colección "Vida y obra de Martí", una conferencia dictada ante la American Association of Teachers of Spanish and Portuguese (AATSP) en el Hotel Roosevelt, de Nueva York, en 1995. Intenta introducir a los maestros de español neoyorquinos en los estudios martianos, a fin de promover el uso de la obra de Martí en las clases de castellano. Es un ensayo que se destaca por su poder de síntesis y la manera en que entreteje vida y obra. Estamos en presencia de una maestra hablando a maestros, en lo que devino (yo estaba allí, y me consta) en una clase magistral. Teniendo en cuenta la reacción de los asistentes, puedo asegurar que aquella tarde de primavera Martí regresó a Nueva York. Ahora, como texto impreso, tiene, además, el encanto de la palabra escrita, sin por ello perder ese grado de oralidad ya señalado en el estilo de la Rexach y aquí destacado como consecuencia de su intención inicial.

Luego de esa panorámica a manera de paisaje, siguen tres ensayos de temas biográficos parciales: "Martí en España", "José Martí en 1894: concreción y consagración de una vida" y "Martí: cartas a una niña". Los tres expanden y complementan el primero: de lo general a lo particular, del panorama al detalle. Para los que se sientan impelidos a conocer más del personaje, cierra este inicio biográfico el trabajo "Las biografías de Martí", en que Rexach reseña, comenta y analiza las biografías martianas publicadas hasta ese momento. Terminada la lectura de estos primeros cuatro trabajos, el camino para un conocimiento profundo de la vida del gran antillano queda desbrozado. Sólo falta decidirse a andarlo.

Los ensayos siguientes se destinan, primordialmente, a estudiar la obra literaria de Martí. El primero –a manera de puente– está dedicado a la profesión por la cual el poeta cubano sería más conocido en su tiempo: la de periodista. Se titula: "El periodista que fue José Martí: cómo se gestó", el cual se complementa con el análisis de un trabajo periodístico martiano particular: "Reseña del libro *The Columbus' Gallery* de Néstor Ponce de León, por José Martí, en *Patria*, 1893.", que aparece a continuación. De ahí se pasa al análisis de un tema en especial en la obra general del Maestro: el sucinto ensayo "Significación y premonición de la muerte en José Martí", no por breve menos profundo. El siguiente eslabona a Martí con otro autor capital. Se titula "Presencia de similitudes entre Martí y Unamuno", originalmente una ponencia presentada en el X Congreso de la Asociación Internacional de Hispanistas, que agrupa a europeos y americanos por igual. Cierra la entrega de ensayos un trabajo medular a la hora de interpretar la obra martiana: "Poética de José Martí", que también fuera una ponencia, ésta presentada por Rexach en el Congreso del Instituto Internacional de Literatura Iberoamericana celebrado en Bonn en 1986. Se trata de un incisivo trabajo teórico que resume los largos años de estudios martianos de su autora. Es de destacar, sin embargo, que pese a su elevado contenido técnico, resulta perfectamente comprensible para cualquiera que haya leído los trabajos anteriores. En efecto, no hay que ser especialista para entenderlo y disfrutarlo a cabalidad; la maestra que es Rosario Rexach hace asequible a la escritora.

Completan esta obra tres apéndices de tanto interés como los 10 ensayos que les preceden. El primero se trata de la reseña que hiciera la Rexach de *La raíz y el ala. (Aproximaciones críticas a la obra literaria de José Martí)*, de José Olivio Jiménez. Se une a la importancia de la obra reseñada el hecho de que el autor fue alumno de la profesora Rexach, de tiempos de su labor pedagógica en la Universidad de La Habana. Es la maestra reconociendo la labor del discípulo que la sigue de cerca en talento y devoción martiana. Hay en la reseña rigor intelectual y, al mismo tiempo, orgullo casi filial: el rigor y el orgullo de la rama del árbol loando uno de sus frutos destacados.

El siguiente apéndice es un reportaje periodístico sobre una exposición martiana en la Sociedad Lyceum de La Habana en 1953, publicada el mismo año en la revista de la institución. Cronológicamente es anterior a *El carácter de Martí y otros ensayos*, publicado un año después. Se trata pues, de un salto a los inicios martianos de la autora. Esta última obra sobre Martí de la Rexach concluye, entonces, con lo que antecedió a la primera; algo así como el cierre de un círculo con la llegada a su punto de partida, la vuelta total de la noria.

Pero en realidad esa revolución había comenzado mucho tiempo antes: en 1938, que es lo que el apéndice final trata de demostrar. Éste lo constituye una parcial bibliografía activa que intenta ilustrar 64 años de intenso trabajo intelectual de la Rexach en disciplinas tales como la crítica literaria, la filosofía, la sicología y la historia, además de la ficción en un feliz caso. Se trata, en su mayoría, de trabajos editados originalmente en publicaciones periódicas de países diferentes, muchas de ellas hoy desaparecidas o de muy difícil acceso. Sirvió de base fundamental a esta bibliografía una lista que me entregó la misma autora, conformada a partir de sobrevivientes recortes amarillentos o de su propia memoria. Gracias a ello, casi que puede verse a Rosario Rexach buscando en su mente qué publicó en cada revista y en qué año; falta su escritura de caligrafía hoy inusual, que guardo como preciado recuerdo. Y califico la relación de 'parcial' no solamente porque es muy probable que queden trabajos de las décadas del 40 ó 50 del siglo pasado que no aparecen aquí, así como muchos artículos menores editados en periódicos, sino porque de seguro entre el momento en que escribo estas líneas y su publicación, ya deben haber salido otros trabajos suyos. En efecto, esta mujer incansable, que anda por su tercera o cuarta juventud (debe estar por los 90 años de edad a la salida de este libro), nos sigue sorprendiendo por la fecundidad, perfección y honduras de su ininterrumpido existir intelectual.

Corroboramos entonces que estamos frente a la obra de una autora que ha sabido moverse, con maestría inusitada, en géneros diversos que, a la postre, ha sabido fusionar en felices experimentos que hoy quedan como precursores de reconocidos intentos posteriores. Sus ensayos tienen de literatura la belleza de su confección; su literatura de ficción, la seriedad del ensayo. Como elementos comunes se imponen la profundidad, la honestidad, y la intención de servicio en ese "arte de enseñar a pensar" que le reconociera Baquero. En el proceso resultante la palabra escrita se acicala de oralidad y la comunicación oral se engalana de grafía. La escritora y la maestra, además de coincidir en el culto a Martí, conviven y se complementan en cada texto: la página como aula compartiendo historia con la escuela como libro. Pedagogía y literatura que, hermanadas, inician en Rosario Rexach un mismo andar rumbo al tiempo cierto; que es decir, rumbo al tiempo de todos los tiempos.

Eduardo Lolo

Nueva York, primavera del año 2002.

VIDA Y OBRA DE JOSÉ MARTÍ

(Conferencia pronunciada ante la American Association of Teachers of Spanish and Portuguese, en el Hotel Roosevelt de Nueva York, el 25 de marzo de 1995.)

Se habrán preguntado muchos si tiene sentido un título tan general. Verán que sí. Pues lo que me propongo es entretejer la vida de ese hombre con su obra. Y tal vez siempre se debía enfocar así el estudio de toda vida. Pues realmente, vivir es obrar, es actuar. Y sólo queda de nuestro paso por el mundo, en verdad, lo que hemos hecho. Lo que ocurre es que la gran mayoría de los humanos concentran su hacer en lo más espontáneo y natural, en crear una familia y en habilitar los medios para sostenerla y educarla, lo cual es fuente de riqueza. Y únicamente unos pocos se dedican a esas tareas que, en la apariencia, casi no tienen utilidad, a esas actividades que sólo implican un enriquecimiento espiritual sin bienes materiales aparentes u obvios. Se olvida, sin embargo, que sin esa dedicación desinteresada que es lo que constituye una cultura, o todas las culturas, el hombre sería un animal más, como lo es por su cuerpo. Sin embargo, no todos nacen con la vocación para dedicarse a esas tareas. Pocos son los elegidos, y de esos pocos, menos aún son los que adquieren una figura singular que todos admiran en el decursar de los años. El hombre a quien se dedican estas páginas fue de esos elegidos, y en grado tal, que los que conocemos su vida y su obra continuamente nos maravillamos de su excepcionalidad. Y lo grave es que nada hacía presumir a su nacimiento que iba a ser así. Por eso vamos a ir despacio recorriendo los hitos de esa vida.

Nació José Martí en un barrio muy pobre de la ciudad de la Habana el 28 de enero de 1853. Fue el primogénito del matrimonio. Sus padres, ambos españoles, eran gente modesta radicada en Cuba poco antes de mediar el siglo XIX. El matrimonio se había efectuado el 7 de febrero de 1852 dentro de los cánones del catolicismo. Y antes del año había nacido el hijo. El padre tenía un oficio harto modesto. Era un simple policía. Pero con especiales rasgos en el carácter, rasgos que le granjearon una reputación de hombre adusto, violento, poco flexible. Pero, eso sí, muy honrado y con gran sentido de la justicia por lo que muchas veces se vio en problemas. Pues daba la razón, en las situaciones difíciles que se presentan al que tiene por misión el resguardo de la ley, a quien la tuviese, aunque fuera el más desamparado en clase o fortuna. No hay que decir que, al ser así, muchas veces se vio en dificultades con sus superiores que no siempre supieron apreciar las virtudes de su subordinado. Esto le ocasionó problemas sin tasa. Y frecuentemente tuvo que cambiar de empleo y aún de ubicación para poder satisfacer las necesidades familiares. Su mujer, sin duda de no poca inteligencia natural y con gran sensibilidad, intentaba dulcificar la vida doméstica que, a veces, hacía Don Mariano difícil por sus frustraciones en el trabajo y su carencia de medios económicos. Tuvo pues, José Martí, una niñez difícil, lo cual fue –quizás– una ventaja para su formación. A él habían seguido varios hijos más, todos niñas. Llegaron a la adolescencia sólo cinco: Carmen, Leonor, Antonia, Ana y Amelia. Todas, además de la madre, Doña Leonor, rodearon al único varón de mucho cariño y aún devoción. Pero el padre, con frecuencia, no parecía tan comprensivo y devoto. Y Martí, sin experiencia de la vida, no supo siempre en su niñez valorar con justicia lo que era su padre. Tuvo él mismo que hacerse adulto, y sufrir mucho, para entender el admirable carácter que era Don Mariano, al punto de confesar mucho tiempo después –ya en sus últimos años– que lo mejor de él venía de su progenitor, lo que se muestra en lo que cito de una carta a su gran amigo de México, Don Manuel Mercado, donde dice:

No sé cómo salir de mi tristeza. Papá está ya está tan malo que espero que viva poco....No puede U. imaginar cómo he aprendido en la vida a venerar y amar al noble anciano a quien no amé bastante mientras no supe entenderlo. Cuánto tengo de bueno, trae su raíz de él. (1)

Y en carta a su amigo de la niñez –Fermín Valdés Domínguez– escribe desde Nueva York el 28 de febrero de 1887: "Fermín: Mi padre acaba de morir, y gran parte de mí con él. Tú no sabes cómo llegué a quererlo luego que conocí bajo su humilde exterior, toda la entereza y dulzura de su alma." (2)

Esos tiempos difíciles de su niñez obligaron a Martí a tener que ayudar a su padre en tareas fuera de la Habana como cuando lo acompañó al Hanábana, en la región central de Cuba, o en un breve viaje a la Honduras Británica. Pero no todo fueron penas en su niñez. A los dos años lo llevó el padre con la familia a España. La componían en ese momento sólo dos hijos, él y la mayor de las hermanas. Muchos opinan que Don Mariano soñaba con establecerse en su pueblo natal, Valencia, donde su padre aun vivía. Confieso no compartir totalmente el criterio de los biógrafos que así lo estiman. Creo, más bien, que el alma tierna de aquel hombre quería volver a ver a su padre ya viudo, aunque vuelto a casar, y mostrarle con orgullo su pequeña familia. Y que parece ser así lo confirma el hecho de que, apenas dos años después, vuelvan a la Habana. Al regresar tenía ya el niño cuatro años. Por dos había estado en España. Verdad que muy pequeño, es cierto. Pero no se olvide que estas primeras impresiones dejan honda huella. Y en Martí seguramente la dejaron aunque nunca se refiriese a ello. Sin embargo, cuando se le lee atentamente, y pienso que, cuando se le escuchaba, resonaban en él esas primeras experiencias españolas. Un ejemplo sin par lo tenemos en la frecuencia con que en sus textos, al nombrar frutas, se refiere preferentemente a las naranjas tan típicas de Valencia. Y en su vocabulario, tan rico siempre, se siente de cerca este primer contacto con las raíces de la lengua.

Pero la niñez va andando y el niño creciendo. Y debe aprender a leer. Como no hay bienes ha de ir a escuelitas de barrio para las primeras letras. Después, Doña Leonor –quien ya empieza a estar orgullosa de su hijo– lo inscribe en una escuela formal, la que dirigía Don Rafael Sixto Casado, que tenía gran prestigio. En dicho plantel topa Martí con otro niño más o menos de su misma edad –Fermín Valdés Domínguez– que procede de casa acomodada donde no se conoce la escasez. La simpatía de aquel niño pobre y vivaz, muy comedido, atrae al niño de casa bien. Mas Pepe, como se le dice, se muestra retraído para aceptar libremente aquella simpatía que se le ofrece. Pero Fermín es tenaz y se gana a su compañero y lo lleva a su casa donde la familia criolla acepta gustosa la compañía de aquel niño que se desvive por aprender y que es simpático y gentil. Se anuda así una relación que durará toda la vida. Y que tendría gran importancia en la existencia de Martí como se verá. Y pronto los dos amigos pasan a otra escuela por su edad. La Escuela Superior de Varones –recién fundada– que se ha puesto bajo la dirección de un hombre singular, el poeta Rafael María Mendive.

Pero antes de continuar quiero decir algo en lo que suele repararse poco. El hogar es una cosa, la escuela, otra. Cada una representa para el niño en formación dos mundos distintos. En la casa todo niño se siente dependiente, de los padres, de los hermanos, de la familia. Y en esa dependencia hay limitadas oportunidades para la expresión de la intimidad que –aunque no se crea– comienza a balbucear tempranamente en toda alma. Esa expresión espontánea y más libre que permite el ambiente escolar no sólo aumenta el nivel de comprensión del niño para la vida sino que lo enriquece al tener que hacerse un lugar en el conglomerado que es toda escuela. Empieza allí el hábito de la tolerancia, la idea de la competencia leal y estimulante, la necesidad de mostrar que se merece algo por el esfuerzo personal que en el seno de la familia se obtiene gratuitamente. En fin, la escuela es, para todo niño, una ampliación necesaria de su radio vital. Para Martí esto fue así en grado casi superlativo y un factor inapreciable para la formación de su personalidad. En la escuela y con sus compañeros entró en otro mundo. Si el de su casa era un mundo español con los valores que serlo significaba, en la escuela y en la casa de Fermín comenzó a ser no español, sino simplemente cubano. El primer germen de su cubanía se gestará en ese ambiente. Y la estancia en la escuela de Mendive reforzaría esos sentimientos. Pues este poeta era un enamorado de la libertad de Cuba, cuya primera guerra para lograrla –la Guerra de los Diez Años– estalló el 10 de octubre de 1868. Martí sólo tenía entonces quince años. Pero allí, en aquella escuela se seguían, después de las horas de clase y en conversaciones con el Maestro, las peripecias de la lucha. Para el adolescente idealista y soñador que era ya Martí esto fue una experiencia inolvidable. Cambiaron dramáticamente sus puntos de vista sobre la vida. Le resaltaron con demasiado énfasis, tal. vez, las diferencias con el hogar de sus padres. Y en su rebeldía –natural a esa edad– se sintió vibrar más a tono con el maestro y sus amigos que con su familia. La escisión de ambos mundos le hizo sufrir mucho. Y comenzó a sentirse más a gusto fuera que en su casa. Y ya nunca más se sentiría totalmente instalado en ella. Se había independizado. Había logrado lo que una sicóloga notable que fue profesora en Columbia University, Leta Hollingworth, llamó el "destete sicológico", en oposición al destete fisiológico en el primero o segundo año de la vida. Y es justamente entonces cuando más distante se sintió de su padre que, en la apariencia, no lo comprendía. Y es entonces también que al estar inmerso en nuevos ideales realizó dos actos que tendrían gran influencia en su vida.

Uno, en el plano literario. Tenía que dar salida —aunque fuera muy veladamente— a su identificación con la lucha por la libertad. Así nació su poema ABDALA en el cual hay un país que liberar que él llamará Nubia, nombre muy cercano por su eufonía con el de Cuba. Y también su colaboración en *El Diablo Cojuelo*, el periódico editado por Fermín. Pero por estas actividades no le vinieron penas. Más bien alegrías. La satisfacción de poder escribir. El otro acto fue más osado. Uno de sus compañeros de clase se había sumado a las filas organizadas para reprimir las actividades revolucionarias. A Martí aquello lo indignó. Y en compañía de Fermín escribió una carta de acusación muy dura al compañero que había desertado del ideal de la libertad. No es mi propósito hoy detenerme en la historia. Pero esa carta fue causa de que ambos amigos fuesen juzgados. A Martí se le condenó a seis años de trabajos forzados. Fermín obtuvo una condena más leve. Finalmente, por gestiones de amigos encomiables —ambos españoles, sea dicho— le fue conmutada poco tiempo después por la de destierro a España. Y todo esto ocurría mucho antes de que cumpliera 18 años. La estancia en presidio, con una cadena al pie pendiente de la cintura, le provocó una llaga maligna de la que nunca sanaría. Pero además del dolor físico, en presidio Martí se enfrentó por vez primera a la maldad humana en su más feo aspecto. El revolucionario de honda raíz que luego sería se gestó en ese presidio. Su salida al destierro ocurrió en los últimos días de diciembre del año 1870. Y llegó a Madrid sin casi ninguna seguridad económica en los primeros días de enero de 1871. Poco después, el día 28, cumpliría los dieciocho años. Inmediatamente se impuso la obligación de subvenir por sí a sus necesidades. Los cubanos que se habían radicado en España, algunos por motivos políticos —y casi como desterrados— y otros que lo habían decidido por huir del clima de opresión que se vivía en la Isla, trataron de ayudarlo. Y lo hicieron de muchos modos, especialmente gestionándole clases particulares. Pero a él le resonaba en el alma como una obligación sagrada el imperativo de denunciar los horrores del presidio político que había vivido y visto vivir. Y decidió escribir su gran denuncia, ese documento que almas cubanas imprimieron y divulgaron: *El Presidio Político en Cuba*. Así, de su propia vida, nació esa obra. Sorprende, al leerlo, que alguien tan joven haya podido escribirlo. Hay una sabiduría humana en él increíble, hay un vigor de expresión que ya anuncia al escritor que será. Y, sobre todo, resalta en sus páginas lo que fue el alma, no la inteligencia de José Martí. Allí están su infinita piedad, su generosidad, su amor a la belleza, su amor a la humanidad así como su repugnancia por lo feo y mezquino. Mas ahí no terminó su afán en defensa de su tierra. Durante su estadía en Madrid se proclamó la primera república española. Martí, como otros cubanos, se hizo ilusiones. Pensaba que la República, de acuerdo con sus principios, concedería la libertad a Cuba. Por supuesto, no fue así. Pero él no calló. Y escribió un formidable alegato a la nueva república que se hizo llegar al Presidente Estanislao Figueras. Pese a sus virtudes, que revelaban las dotes de escritor y polemista que más tarde en su vida se mostrarían, no se le hizo caso.

En tanto, al finalizar noviembre del 71, había ocurrido un hecho increíble en Cuba, nacido de la pasión sectaria que engendran todas las revoluciones. Se habían fusilado injustamente —como se demostraría muchos años más tarde— ocho estudiantes de Medicina, alguno conocido de Martí. Pero, al saberse en Madrid, por quien él temió más fue por su amigo del alma, por Fermín, que también había estado implicado en el proceso. Y que, como consecuencia, también llegaría a España como desterrado. Allí encontró a su amigo de siempre. Y ambos, ya juntos, decidieron por diferentes motivos irse de Madrid y radicarse en Zaragoza donde podrían terminar sus respectivas carreras, Medicina, Fermín; Derecho y Filosofía y Letras, Martí.

La vida en Zaragoza fue plácida para los dos amigos y no exenta de íntimas alegrías. Se enamoraron con el aura romántica que se cierne sobre todo amor juvenil. Y Martí, entre otros, encontró un buen amigo en el pintor Gonzalvo, al que admiraba, y con quien discutía sus impresiones de los museos y galerías que había visitado en Madrid. Y, al fin, culminó sus estudios universitarios. Pero su poca solvencia económica le impidió cumplir con los requisitos legales para la obtención de los títulos. Esto determinaría, en mucho, algunos de los problemas que confrontaría en su vida posterior. Y, tal vez, haya sido mejor así. Porque por estos obstáculos su carácter fue forjándose con más reciedumbre y sus objetivos en la vida se fueron clarificando. Pero su estancia en Zaragoza fue tan grata que muchos años más tarde, cuando esa experiencia se había depurado, pudo dedicar a esa época unos hermosos versos. Comienzan así:

Para Aragón en España
Tengo yo en mi corazón
Un lugar todo Aragón
Franco, fiero, fiel, sin saña.

Si quiere un tonto saber
Por qué lo tengo, le digo
Que allí tuve un gran amigo
Que allí quise a una mujer. (3)

Durante la estancia de los dos amigos en Zaragoza la familia de Martí decidió que –al graduarse el hijo– podría ayudarlos si se trasladaban todos a tierra libre. Y se fueron a México. Allí el padre pudo subsistir como sastre del Ejército, cooperando con él en las tareas de costura toda la familia. Tenía pues, Martí, una obligación que cumplir y él jamás fue sordo a las llamadas de su conciencia. Así se explica que —aunque su vida en Zaragoza era más que placentera— decidiese cumplir su deber. Fermín resolvió acompañar al amigo en parte de su regreso y lo convenció de pasar antes por París por breves días para luego irse a México desde el puerto inglés de Southampton. El buen amigo lo acompañó hasta allí y estoy segura de que sufragó gran parte de los gastos así como pagó la diferencia para que Martí viajase en mejor clase a su regreso a México.

Pero antes de continuar con la importancia que tuvo esta breve visita a París debe decirse que, durante su estancia en España, no sólo escribió Martí lo que hemos dicho, sino que se impuso tareas y metas en sus estudios a través de sus lecturas en el Ateneo de Madrid y en las revistas y también en sus visitas a los museos o teatros a los cuales era muy aficionado. Y esto también era ya parte de su formación. Y en su visita a París conoció a un joven francés que se hizo su amigo y quien lo llevó a ver a Víctor Hugo que se había declarado a favor de la libertad de Cuba. El gran escritor francés acogió con simpatía a aquel joven y le regaló su libro MES FILS, el que le firmó, rogándole que lo tradujese, lo cual hizo Martí tan pronto llegó a México.

A su llegada a Veracruz tomó el tren que lo conduciría a la meseta contemplando extasiado las muchas bellezas del paisaje. En la estación lo esperaba su padre rigurosamente vestido de negro con un joven que le presentó, Don Manuel Mercado, quien había sido un gran protector de la familia y que se convertiría en un amigo inolvidable, en casi un hermano. Y pronto supo el recién-llegado que su hermana Ana —la más afín a él— había muerto días antes, el 6 de enero de 1875. El ambiente de tristeza que había en el hogar y que era muy hondo, quedó en parte disipado por la efusión del reencuentro con el hijo por más de cuatro años no visto y que había regresado hecho todo un hombre. La tarea inmediata del joven era buscar un trabajo para aliviar las angustias familiares. No le fue difícil en exceso lograrlo. Y con la intervención de su buen amigo Mercado, logró una posición en la *Revista Universal*. No es mi tarea hoy detallar lo mucho que hizo allí. Pero hay que decir que en la labor maduró y adquirió seguridad el estilo de José Martí. Sus contribuciones le ganaron la estimación de gran parte de los jóvenes intelectuales y de algunos de los ya consagrados. Así su nombre fue pronto conocido y se le invitaba a múltiples actos en los que deslumbraba con la brillantez de su palabra. Y, como el aficionado al teatro que siempre fue, se puso en contacto con un actor que le pidió algo para llevarlo a escena. De ahí nació lo que voy a llamar un juguete lírico que tituló "Amor con amor se paga". Era en verso y no intervenían más que dos personajes, el actor, Enrique Guasp, y la actriz, Concha Padilla. Y Martí entretuvo un "flirt" con ella. Pero más serio fue el episodio romántico con la "musa del día", Rosario de la Peña, por quien ya se había suicidado un poeta, Manuel Acuña. Pero estos amores no adquirieron seriedad. En cambio, cerca de su casa vivía una familia cubana, emigrada a consecuencia de la Guerra de los Diez Años que aún duraba. Martí se sintió atraído por la menor de las hijas —Carmen Zayas Bazán— y ella también se enamoró del poeta. Tal vez si Cuba en la distancia fue el imán de la atracción. Un compromiso se selló entonces.

En tanto, las condiciones políticas de México se hacían de difícil acatamiento para Martí y decidió establecerse en otro lugar. Y tras un viaje secreto a la Habana, bajo nombre supuesto, para re-ubicar a sus padres que regresarían, se fue a Guatemala con grandes ilusiones. Confiaba en ser profesor y en publicar allí una revista. Lo de profesor lo logró con la intervención de un amigo cubano, Izaguirre, que lo nombró profesor de la Escuela Normal. Fue un éxito y pronto suscitó una gran admiración, y también envidias, inevitables siempre que alguien se destaca. Durante los primeros meses fue visita bien recibida en hogares distinguidos. En uno de ellos, una de las hijas que era su alumna, se enamoró románticamente del profesor. Tal vez él no se percató a tiempo y no supo cortar radicalmente esa devoción. Pero él no podía corresponder. Un compromiso lo esperaba, y a fines de 1876 regresó a México para casarse. Los jóvenes esposos volvieron a Guatemala a principios de 1877. Y pronto, la muchacha enamorada murió. Muchos años después él recordaría el episodio en uno de los romances de los VERSOS SENCILLOS. Es el titulado "La niña de Guatemala". Su primera estrofa dice:

Quiero a la sombra de un ala
Contar este cuento en flor.
La niña de Guatemala,
La que se murió de amor, (4)

Pero la estancia en Guatemala no fue lo que él soñó. Pronto el despotismo político del que había huido en México se hizo presente también en la nueva tierra. Y el amigo cubano a quien debía su puesto fue despedido por no saber someterse. Martí creyó entonces su deber solidarizarse con Izaguirre y renunció a su posición. Su mujer, que esperaba un hijo, lo recrimina. Pero para él la lealtad a sus principios estará siempre por encima de sus conveniencias personales. En la inseguridad acechante ocurre lo inesperado. Ha terminado la Guerra de los Diez Años en Cuba con amnistía para todos los que hubieran apoyado la contienda. Martí puede, pues, regresar a su tierra y tal vez —como sueña su esposa— hacerse una vida en ella. Él no está muy seguro de esa posibilidad. Pero al fin se decide. Y regresa. En Guatemala deja obra. Un libro titulado precisamente así, "Guatemala", en que habla con amor y cuidado de esa tierra hermosa y un comentario jurídico que le han pedido sobre los nuevos Códigos de ese país. La revista que tenía pensada quedó sólo en proyecto.

En la Habana, al no tener consigo los títulos que no había podido sufragar en España, se le niega el permiso para ejercer la abogacía y aún alguna labor como profesor. Y tiene que ejercer esas actividades con la ayuda de amigos y, en cierto modo, subrepticiamente.

No obstante, su nombre ha empezado a sonar y ya tiene alguna fama, por lo que es invitado a diferentes actos y se le nombra en la Sección de Literatura del Liceo de Guanabacoa, institución de prestigio en la época.

En tanto, le nace su hijo el 12 de noviembre de 1878. Lo llaman José Francisco. Y será el que inspire años después, en 1882, su libro de poemas ISMAELILLO, bien conocido.

Ese prestigio que ha ido acumulando Martí a lo largo de su vida atrae la atención de los organismos revolucionarios que aun conspiran a favor de la Independencia y lo invitan a formar parte principal de la organización en la Habana junto con el mulato Juan Gualberto Gómez. Martí cree su obligación aceptar la encomienda. Ignora que se le vigila de cerca. Y se descubren sus trabajos secretos. Y lo hacen prisionero nuevamente. Pero de acuerdo con la paz que se había firmado no se le encarcela sino que se le destierra. Era el otoño de 1879, precisamente a fines de septiembre. Pero su breve estancia en Cuba por poco más de un año proporcionó a Martí dos experiencias gratas. Por un lado, trabó conocimiento con Enrique José Varona quien, aun con una filosofía distinta a la suya, supo desde el inicio calibrar las virtudes de aquel joven tribuno y escritor. Además, logró el anhelo de asentarse ante su pueblo como un líder político capaz de luchas y sacrificios.

Pero el nuevo destierro en España no fue igual al anterior. Ahora estaba cargado de responsabilidades, con esposa a hijo por quienes debía responder. Y el regreso a la patria era imposible por cuanto él no cejaría en sus propósitos liberadores. Se imponía pues, una decisión, y la tomó. Y pese a las instancias de su mujer que lo invita a someterse y que había permanecido en Cuba, él decide radicarse en los Estados Unidas –concretamente en Nueva York– donde había ya muchos emigrados y donde podría trabajar así como traer a su familia, además de seguir cooperando a la causa de la libertad de Cuba. Y llega a la ciudad de los rascacielos el 3 de enero de 1880. De momento se instala en una modesta casa de huéspedes donde ya viven otros compatriotas. Es la casa que regentea el matrimonio formado por Manuel Mantilla y su esposa, Carmen Miyares. La pareja tiene ya tres hijos: Manuel, Ernesto y Carmita. Casi un año después, al finalizar ese año de 1880, les nacerá otra niña, la conocida María Mantilla, que muchos reputan como hija realmente de Martí. Todo pudiera ser ya que Carmen, su mujer, no se apresura a reunirse con su marido. Es ya bien entrada la primavera cuando llega. Para Martí estas dificultades familiares constituirán toda su vida una pesada carga moral de la que intentó liberarse con una actividad febril y con el alivio que suponía el escribir, el dejar constancia en sus versos de las penas que lo agobiaban. Estos versos que en vida no publicó son sus famosos VERSOS LIBRES. En ellos volcó gran parte de sus emociones. Unamuno y Gabriela Mistral –entre muchos otros– los admiraron profundamente. Pero su vida seguía y él quería recomponerla. Por ello, al comprender que Carmen no aceptaba su actividad política ni su residencia en Nueva York, por lo que había regresado a Cuba, decidió, ante el consejo de amigos leales, irse a Caracas a hacerse una vida allí, con la nostalgia siempre presente del hijo a quien adoraba y de su hogar que aspiraba a reconstruir, pese a saber que ya nada sería igual. Pero seguía soñando con una vida en Venezuela en que sus deseos se realizasen. Al inicio parecía que iba a lograrlo. Porque pronto no sólo se hizo estimar sino que concitó gran admiración. Uno de los periódicos más importantes de Caracas –*La Opinión Nacional*– reclamó su colaboración. Así devino, si puede decirse, en el intelectual de moda al que todos invitaban y admiraban. Ya entonces decidió fundar la *Revista Venezolana*, que inmediatamente tuvo una excelente acogida. En esa circunstancia supo Martí que estaba muy anciano y casi retirado de la luz pública un hombre y escritor excepcional, Cecilio Acosta. Y Martí decidió hacerle una entrevista cuyo resultado fue la hermosa semblanza que se publicó en la mencionada revista. El Presidente de la República se enojó, pues como tantos otros en el disfrute del poder se endiosan y no pueden vivir sin el elogio permanente. Mucho más en el caso de Don Cecilio, quien nunca se le había sometido. Como consecuencia, Guzmán Blanco, el Presidente con aires de dictador, sugirió al director de *La Opinión Nacional* que Martí, también, debía escribir sobre él. Innecesario decir que el cubano no sabía vender su pluma. Y comprendió que ya nada le esperaba en Caracas por lo que regresó a Nueva York donde, al menos, nadie le imponía cómo debía pensar o lo que podía escribir. Mas en Caracas, agobiado por la nostalgia del hijo, vertió sus íntimas emociones en pequeños poemas, muy cerca del aire de las baladas, que daría vida al primer libro poético de importancia de José Martí, el ISMAELILLO. Y destaco esto porque por muchas razones que no cabe discutir ahora dicho texto anticipó lo que se llama "el modernismo en la lírica hispanoamericana", como lo han reconocido críticos notables. Es libro de fácil y deliciosa lectura.

Fracasadas sus ilusiones en Caracas no cejará Martí, a su regreso, en sus esfuerzos por lograr sus dos objetivos fundamentales: reconstruir su hogar y tratar de organizar la lucha por la libertad de Cuba.

Lo primero lo intentó reiteradamente, para siempre fracasar. Por un lado, porque su mujer se negaba a aprobar su dedicación a las tareas revolucionarias pues estimaba −fiel a lo usual− que su primer deber era con ella y su hijo. Además, otros afectos habían arraigado en el alma atormentada de Martí por la incomprensión de la esposa. Consecuencia de ello fue −que tras varios intentos− Carmen, sin su anuencia y con la cooperación de un amigo común se marchase definitivamente a Cuba con el hijo que nunca más pudo ver a su padre. Pero es justo decir que antes de cumplir sus 17 años, se incorporó a la guerra libertadora en la cual había entregado Martí su vida el 19 de mayo de 1895.

Esos años de 1881 a 1895 en Nueva York vieron a Martí inmerso en una actividad febril. Para subvenir a sus necesidades se dedicó activamente al periodismo, aunque al principio −no famoso aun− tuviera que aceptar tareas bien ajenas a dicha actividad como actuar de contable. Pero el periodismo fue su principal fuente de ingresos. En el primer año en Nueva York colaboró en *The Hour* y en *The Sun* con artículos en francés y, a veces, en inglés. Y es en *The Hour* donde se inició como crítico de pintura para lo que revelaría gran talento. Pero este hombre extraordinario no sabía hacer nada a medias. Volcaba en su trabajo todo su esfuerzo. Y estudiaba continuamente. Eso explica que supiese de agricultura, de ganadería, de botánica, de maquinarias, de educación, de política, de problemas médicos y, por supuesto, de las artes y de literaturas. Su cultura en estos últimos campos sorprendía. La preparación para ello la fue obteniendo poco a poco por sí mismo. De ahí el gran periodista que llegó a ser con fama en todo el continente y también en los círculos hispanos de Nueva York, Filadelfia, la Florida y otros sitios.

Al regreso de Venezuela, según se dijo, continuó sus envíos a *La Opinión Nacional*. Cuando la delicadeza le hizo renunciar, ya *La Nación* de Buenos Aires lo había contratado. Y después fueron muchos los que obtuvieron colaboraciones inéditas, como *La Pluma* de Bogotá, *La República* de Honduras, *La Opinión Pública* de Montevideo o *El Partido Liberal* y *El Federalista* de México. Y muchos reprodujeron sus artículos, como *El Almendares* de la Habana. Y en Nueva York colaboró y aun dirigió *La América* y fue colaborador distinguido con algunas funciones ejecutivas en *El Economista Americano*, sin contar con sus aportes a los periódicos de emigrados que se publicaban en Nueva York, la Florida u otros sitios. Y en los últimos años fundó el periódico PATRIA (1892) para dar base teórica de calidad a la revolución que preparaba para lograr la libertad de Cuba y cuya dirección asumió. A su muerte la continuó Enrique José Varona.

Esta labor de prensa cargada de buena doctrina y de profunda amor por las tierras de América que hablaban su lengua le granjearon fama tal que algunos países hispanoamericanos reclamaron sus servicios como Cónsul en Nueva York. Así pasó con Uruguay, la Argentina y con Paraguay. Y muchas instituciones de prestigio surgieron de esta devoción suya como la Sociedad Literaria Hispanoamericana de la que fue fundador y Presidente y en la que tuvo a su cargo el discurso-homenaje cuando el centenario de Bolívar en 1883. Pero quizás lo más destacado fue la función que llenó con motivo de la Conferencia Monetaria Internacional que se celebró en Washington entre 1890 y 1891, y de la cual informó ampliamente a *La Nación* y también a *El Partido Liberal* de México. Pero tal vez más importante, con serlo mucho sus reportajes, fue que Uruguay lo designase su Delegado a la Conferencia para lo que escribió un sensato informe que leyó en Washington en dicha conferencia. Y tuvo a su cargo el discurso en honor de los delegados hispanoamericanos que se celebró en Nueva York en la Sociedad Literaria Hispanoamericana. En medio de las tareas y preocupaciones infinitas que la Conferencia le ocasionó y de las angustias por la preparación de la lucha por la independencia de Cuba, enfermó gravemente, y su médico lo envió por algunos días –realmente muy pocos– a descansar en las Catskills. En su breve retiro salió de sus penas escribiendo versos, como hacía siempre. Dichas composiciones constituyen una velada autobiografía. Y quizás son los mejores de él, con esa sencillez tan difícil a la que se han referido sus muchos críticos. Son los VERSOS SENCILLOS, de 1891.

Pero su anhelo entrañable, lo que él sentía como su real misión en la vida, era organizar cumplidamente la Guerra de Independencia de Cuba que estalló el 24 de febrero de 1895. En los comienzos de esta tarea de vertebración los veteranos de la guerra del 68 desconfiaron muchas veces de él. Martí comprendía y entonces se retiraba en la apariencia, pero sus objetivos no desaparecían y tan pronto era posible volvía a la tarea. Y para dicha labor contaba con una sola arma, ya que no tenía riquezas ni poder. Esa arma era su palabra –hablada o escrita– que manaba de su más honda intimidad plena de belleza, bondad y sana doctrina. De ello dan muestra sus múltiples discursos patrióticos –justamente famosos– y sus colaboraciones en PATRIA, el periódico que había fundado en 1892, y las otras muchas en varios periódicos de emigrados.

Pero lo que los libros de Literatura Cubana e Hispanoamericana destacan –y es lógico– son sus obras en prosa y verso. La prosa, de reconocidas méritos, se reveló patentemente en el nuevo estilo de sus crónicas y también en sus cartas que tanto impresionaron a Unamuno y a Darío –entre otros– así como sus Diarios de Viaje. En poesía están sus VERSOS VARIOS, sus justamente célebres VERSOS LIBRES, los VERSOS SENCILLOS que acabo de mencionar, las FLORES DEL DESTIERRO y muchos más. Recomiendo a los interesados un libro de reciente publicación que es lo más completo hasta hoy. Se titula POESÍA COMPLETA por José Martí. Su compilador y editor es Carlos Javier Morales, quien precede los textos con una muy buena Introducción. (5)

En sus crónicas trató –según se ha sugerido– todos los temas posibles para informar debidamente de cuanto de interés ocurría en el mundo en el plano de las artes, de las ciencias o de la técnica así como en la política o la economía. Hacer citas ahora es inoportuno. Pero léase lo que escribió sobre Emerson, Walt Whitman, Longfellow y tantos más para calibrar sus valores. Y esta ciudad que es Nueva York tuvo en él –con casi seguridad– a su mejor cronista, a lo que contribuyó, por supuesto, que fuese testigo de hechos memorables. Consúltese, por ejemplo, su crónica sobre la Estatua de la Libertad o sobre el Puente de Brooklyn. Mas no sólo en la poesía dejó Martí volar su imaginación. Alguna vez, y a requerimiento de una amiga, Adelaida Baralt, escribió una novela. Muchos la consideran autobiográfica. Sólo en parte pudiera ser. Hay un estudio excelente de Anderson Imbert sobre ella. La obra se titulaba AMISTAD FUNESTA. Hoy se la conoce como LUCÍA JEREZ.

Y aun otra producción hay que destacar. La revista que –muy ilusionado– ideó para los niños, LA EDAD DE ORO, de la que sólo se publicaron cuatro números en 1889. Asombra por su plan, por su orientación educadora y por sus méritos literarios. Y casi imposible parece que aquel hombre de radio de vida tan amplio, de inteligencia tan lúcida y bien nutrida y de experiencias humanas y políticas de tanta gravedad haya podido realizar esta obra en que lo cultural y lo ético, la novedad científica o técnica, la información hispanoamericana y la poesía y la ficción del más alto calibre se integren de modo tan pleno y a nivel de la comprensión infantil y juvenil. Lo que explica que recientemente se haya publicado un excelente estudio sobre ella. El libro se titula MAR DE ESPUMA. Su autor, Eduardo Lolo.

Y como dato final quiero referirme a sus Diarios de Viajes. Los primeros son los de su juventud que en la colección de sus *Obras Completas* en 27 tomos se titulan "Apuntes de Viajes". Los postreros son los que escribió al partir de Nueva York a fines de enero de 1895 para incorporarse a la Guerra de Independencia donde entregaría su vida. Son dos y se titulan: "De Montecristi a Cabo Haitiano" y "De Cabo Haitiano a Dos Ríos". Debo aclarar que titulo los "Apuntes de Viajes" de su juventud como "diarios" porque en muchas formas lo son, como el relato de su viaje por el interior de Guatemala cuando iba a radicarse en su capital. Y se ha hecho poco hincapié en el comentario de esos apuntes. Pero en un trabajo como éste, en que se informa sobre la obra del escritor, deben destacarse, así como emitir una sucinta opinión sobre ellos y los últimos que escribió. Cuando se leen ambas colecciones inmediatamente salta a la vista del lector avisado que los apuntes de viajes escritos en su juventud, entre 1875 y 1877, difieren de los producidos en 1895. Se explica. Los de la primera época reflejan un aire optimista sobre la vida aunque no estén exentos de la madurez y rara profundidad que siempre hubo en el escritor. Además, su prosa no está todavía tan lograda en su espontaneidad como la que se ostenta en los diarios últimos. Y el aliento poético de dicha prosa es –en los de los años juveniles– algo retórico. No así en los diarios finales donde el hondón de la experiencia, la satisfacción por una vida cumplida y la sabiduría acumulada transparecen con un sesgo poético realmente admirable. De ahí que hayan sido considerados estos últimos, especialmente las páginas de "De Cabo Haitiano a Dos Ríos" como una obra en que lo poético asalta al lector persistentemente. Ese diario que terminó con su muerte heroica en la confluencia de los ríos Cauto y Contramaestre (Dos Ríos) el 19 de mayo de 1895, debía titularse, en verdad, "Diario de un viaje a la eternidad" que es la que Martí se ganó con su vida y donde Martí estará por siempre para los que conozcan su vida y su obra.

Nueva York, 25 de marzo de 1995.

NOTAS
1.-José Martí.-OBRAS COMPLETAS, Editorial de Ciencias Sociales, 27 tomes, La Habana, Cuba, 1975, t., 20, p. 102.
2.-Id, p. 321
3,-ISMAELILLO, VERSOS LIBRES, VERSOS SENCILLOS. Edición de Iván A. Schulman, Cátedra, Madrid, 1982. p. 186.
4.- Id, p. 188.
5.-Carlos Javier Morales,-José Marti-POESÍA COMPLETA, Alianza Editorial, Madrid, 1995

Consúltense, además:
Jorge Mañach.- MARTÍ EL APÓSTOL, Madrid, 1933. Hay varias ediciones.
Félix Lizaso.-MARTÍ, MÍSTICO DEL DEBER, Buenos Aires, 1940.
Carlos Márquez Sterling.- MARTÍ, CIUDADANO DE AMÉRICA, New York, 1965.
Rosario Rexach.- ESTUDIOS SOBRE MARTÍ, Playor, Madrid, 1986.
Carlos Ripoll.- Sus numerosos y valiosos trabajos sobre Martí, uno de los cuales, ANTOLOGÍA MAYOR, es el más completo sobre la obra del cubano ejemplar.

José Olivio Jiménez.- Tiene muchos estudios y libros sobre Martí. Uno de ellos, y muy importante, LA RAÍZ Y EL ALA debe merecer una atención especial.
Eduardo Lolo.- MAR DE ESPUMA (Martí y la Literatura Infantil), Ediciones Universal, Miami, 1995. Véase también su excelente edición crítica de LA EDAD DE ORO, publicada por Ediciones Universal en el año 2001.

MARTÍ EN ESPAÑA

Sólo tres veces estuvo Martí en España. La primera siendo un niño. Escasísimas noticias hay de este viaje. Mañach y Lizaso, sus más conocidos biógrafos, se refieren a él comentando que Don Mariano, el padre, había renunciado a todos sus cargos y se había marchado con la mujer y sus tres hijos –el primogénito y dos hermanas– al solar natal, Valencia, donde el padre de Don Mariano había enviudado y vuelto a casar. Es probable que se ilusionara el jefe de familia con arraigarse de nuevo en su patria. Pero sus ilusiones no deben haberse materializado porque a los dos años regresan todos. Al salir, sólo cuatro años tenía José Martí. Y seis al regresar en junio de 1859. Muy pocas noticias –si alguna– se tienen de la estancia de la familia en Valencia, pero hay que suponer que dicha experiencia dejó honda huella en la memoria del niño inteligente y sensible que fue Martí, y que en dicho hecho radica en gran parte la amorosa actitud que tuvo siempre el Apóstol cubano hacia la Madre Patria en sus valores esenciales. Andrés Iduarte, con su clara visión, lo intuyó al escribir: "De los cuatro a los seis años vivió en España, y si no el recuerdo directo del viaje, sí las charlas familiares dejaron honda huella en su sensibilidad."(1)

Es posible que algunos piensen que pudieran encontrarse más datos acerca de este viaje en el libro de Roig de Leuchsenring titulado *La España de Martí*, que muchos mal citan titulándolo *Martí en España*. Se equivocan. Curiosamente dicho libro ni siquiera hace referencia a dicho viaje, pese a haber sido publicado cinco años después de la biografía de Mañach.(2)

La segunda vez que estuvo Martí en España fue siendo muy joven, apenas salido de la adolescencia. Había sido deportado –después de indultado– y salió del puerto de la Habana el 31 de diciembre de 1870, por lo que cumpliría sus dieciocho años ya en la Península, el 28 de enero de 1871. Reside en Madrid y allí lleva una vida modesta, cercado por muchas dificultades. Pero pese a su pobre salud y a su más que precaria bolsa, se incorpora con su afinada sensibilidad a la vida de Madrid. Visita museos, acude al teatro y se familiariza con sus intimidades, va al Ateneo y a las bibliotecas y se matricula en la Universidad para estudiar la carrera de derecho. Además, se pone al tanto de la vida política, mientras escribe dos formidables alegatos. Uno, ese relato sorprendente que es *El Presidio Político en Cuba* y, también este otro, *La República Española ante la Revolución Cubana* que envía a Don Estanislao Figueras, Presidente del Congreso, el 15 de febrero de 1872.

De sus lecturas en la biblioteca del Ateneo da cuenta el periodista español Julio Borrel que lo conoció allí y de quien toma los datos Marcelino Domingo para escribir muchos años más tarde:

> España no conoció a Martí. No importa que Martí conociera las cárceles (¿?) de España, y que libre, pero con el deber de permanecer en Madrid, pasara los días en el Ateneo estudiando y desentrañando los clásicos.(3)

Pero la vida en Madrid no sienta bien al joven deportado y cuando llega de Cuba su amigo de por vida Fermín Valdés Domínguez, le invita a que se marchen ambos a Zaragoza, donde la generosa cooperación de Fermín ofrece a Martí la posibilidad de estudiar más intensamente. Este traslado ocurre en mayo de 1873. De esta fecha a fines de 1874 logra Martí terminar no sólo sus estudios de Derecho sino licenciarse en Filosofía y Letras. Pero no sólo estudios oficiales hace en la capital aragonesa. Allí adquiere excelentes amigos, como el pintor Gonzalvo, de cuyo estudio es visita frecuente. Y allí también se enamora por primera vez de una linda aragonesa —Blanca de Montalvo— o para decirlo con su voz poética: "allí rompió su corola/la poca flor de mi vida." Sin embargo, las obligaciones familiares lo reclaman y hay que dejar atrás esa vida plácida e ilusionada. Vuelve a su familia que se ha trasladado a México. A principios de 1875 ya está en la capital mexicana, no sin antes haber pasado por París y haber conocido personalmente a Víctor Hugo.

Hay un tercer viaje de Martí a España, también desterrado por sus convicciones independentistas, pero esta vez su estancia está teñida de muy tristes experiencias. Ya está casado y tiene un hijo. Los ha dejado en Cuba y eso lo atormenta. Mucho más cuando sabe que su mujer no aprueba su conducta. Decide por eso escapar del destierro y radicarse en una tierra de libertad. Elige el exilio en Nueva York. Por ello, sólo dos meses permanece esta vez en Madrid, de octubre a diciembre. Antes de terminar el año de 1879 lo vemos en vía a Nueva York, pasando antes por París en cuya ocasión tiene oportunidad de conocer a Sarah Bernhardt.

Hasta aquí la experiencia directa de Martí sobre España. Lo que esto dejó de sedimento en él es mucho más de lo que suele suponerse. Pudo, con ello, aquilatar experiencias, adquirir un tono maduro para juzgar, valorar en toda plenitud las virtudes de su raza y de su cultura, y formarse, en gran medida, intelectualmente. Y es ese sedimento, larvado en la memoria de la niñez, lo que le permitió desarrollarse como un líder independentista a quien el odio a lo español jamás pudo morderle el alma. Pues combatió un régimen que consideraba injusto, no la entidad cultural y valiosa que dicho régimen detentaba. Por eso tuvo razón Gabriela Mistral cuando dijo en una conferencia, luego publicada, esto: "Tengo sin alabar al luchador sin odio... El fenómeno tan difícil de combatir sin aborrecer apareció entre nosotros, en esta Cuba americana, en este santo de pelea que comentamos."(4)

Pero es justo consignar que un periodista español, Adolfo Llanos, en un artículo publicado dos meses antes de su inmolación en Dos Ríos, había escrito: "A pesar de las injurias que nos prodiga en algunas de sus ardientes arengas, no existe dentro de su corazón el odio a España; por regla general tampoco aborrece a los españoles."(5)

Efectivamente fue así. De ahí que en las crónicas que escribió sobre España, o en sus poesías, nos sorprenda muchas veces su no velada admiración por su cultura, por sus pintores, por su hidalguía, por sus paisajes, por sus mujeres. No hay tiempo en un breve artículo periodístico para citar mucho que lo prueba. Por ello me limitaré a dos citas. En una, luego de elogiar con una sola frase cargada de sentido al Madrid querido, se recrea en la contemplación de una pintura. Léase:

> ¡Qué buen mes un mes en Madrid! Se va a la Academia de San Fernando y se estudia a Goya, y frente a los retratos de la duquesa de Alba, siente el poeta joven arder en torno suyo enloquecedores pebeteros, y flotarle en la espalda manto de beduino con que pudiera, sobre corcel blanco, ampararla del frío, y llevar a los cálidos desiertos a aquella maravillosísima hermosura.(6)

En la otra, noblemente, reconoce una virtud hidalga del carácter español —cuando se da en toda su pureza— y escribe:

> Dice bien de España este odio al odio. Los cabecillas de los bandos se pondrán a punto de morir; pero una vez a este punto, darán su vida por salvar del riesgo a que los han expuesto sus rivales. España llegará al goce de la libertad sin aquella depuración enorme y tremenda de la Revolución Francesa. Defendió la liber-

tad con brío, antes que el resto de las tierras, y merece gozar de la libertad en más paz que ellas. (7)

La lectura de todas las crónicas nos revela una riqueza infinita de matices para informar sobre la vida española. Por ellas vemos desfilar a los reyes, a los políticos, al paisaje urbano y también rural, a sus dramaturgos, especialmente a Calderón, a sus tertulias, en fin a toda la vida española. Y hay que señalar –aunque ya se sabe– que estas crónicas se escribieron mientras el hombre estaba inmerso en la tarea de liberar a su patria. Pero no dejó nunca que el resentimiento, el odio, o las malas pasiones, enturbiaran su juicio. Quizás muchos lo maljuzgaron entonces. Pero ahí está su figura, bienquista hoy no sólo por los hispanoamericanos, sino también por los españoles que encuentran en este escritor una prueba excelsa de la literatura que se escribe en español como lo han proclamado ya Unamuno, Juan Ramón, Fernando de los Ríos o Manuel Durán. Y que también admiran la hidalguía de aquel luchador que, en el fondo, no fue más que un hijo que encarnó los mejores valores de sus padres.

Por eso, para terminar, debe decirse que, en Martí, España está viva siempre en lo mejor de sus esencias.

Nada más.

Nueva York, 14 de enero de 1987.

NOTAS
1- Andrés Iduarte. *Martí, escritor*. Editorial Joaquín Mortiz. Tercera edición. México, 1982. Pág. 182
2- Jorge Mañach. *Martí, el Apóstol*. Espasa-Calpe. Madrid, 1933. Emilio Roig de Leuchsenring. *La España de Martí*. Editorial Páginas. La Habana, 1938.

3- Marcelino Domingo. *La Isla Encantada*. Madrid, 1921. Pág. 150.
4- Gabriela Mistral. *La lengua de Martí*. Conferencia dada en la Sociedad Hispano-Cubana de Cultura, el 26 de junio de 1931, y luego publicada en los *Cuadernos de Cultura*.
5- Adolfo Llanos. Artículo sobre Martí. *La Ilustración Española y Americana*, marzo 8 de 1895.
6- José Martí. *Obras Completas*. (27 tomos) Segunda edición. La Habana, Cuba, 1975. Tomo 14. Pág. 326.
7- José Martí. Ob. Cit. Tomo 14. Págs. 441-442.

(Publicado originalmente en *Noticias de Arte* [Nueva York], enero-febrero de 1987. Página 7.)

JOSÉ MARTÍ EN 1894: CONCRECIÓN Y CONSAGRACIÓN DE UNA VIDA

Difícil tarea la que me he propuesto. Pero necesaria e interesante. Si toda vida es novela, como han afirmado muchos, la de José Martí lo es en grado sumo. Repasar su vida no tiene sentido después de las excelentes biografías que se han escrito. Pero sí es imprescindible detenerse en algunos detalles. El primero, que nació en cuna muy pobre, en un barrio limítrofe de la ciudad de La Habana, cerca del puerto, de padres de raigambre española. Canaria la madre, valenciano el padre y muy español. Al llegar a América no pensó su progenitor en ser comerciante –como tantos otros– sino agente del orden. En otras palabras, celador de lo prescrito por la ley. Y la ley era la ley española que imperaba en la Isla. Nada, por tanto, más lejano de toda idea liberal. Pero, eso sí, muy honrado. Tanto, que por velar por el cumplimiento de la ley de modo muy estricto se vio muchas veces en problemas con sus superiores que no siempre supieron comprender su indeclinable sentido de la justicia. Así se vio obligado con frecuencia a cambiar de posición, siempre en la misma área que había elegido pues era ajeno al afán de lucro. Sus hábitos de celador, además, le conformaron una personalidad adusta y, tal vez, en exceso autoritaria. El niño sensible en extremo que fue su primogénito –nuestro admirado Martí– no siempre supo ver con calma las reacciones bruscas de Don Mariano y las sufrió hondamente. Menos mal que su madre, posiblemente de gran inteligencia, suavizó con su ternura y comprensión el irritado ambiente doméstico sometido a la autoridad paterna. Pero el niño era singular, simpático, brillante, curioso, con un afán inusitado por aprender. Su compañero de estudios desde la escuela primaria, Fermín Valdés Domínguez, al que luego llamaría hermano, escribió una vez esto: "...fue el primero en todas las clases, el alumno preferido de todos sus profesores"(1). Explicable.

Ya adolescente, asiste Martí a la escuela superior guiada por un poeta, Rafael María Mendive. El maestro se percata pronto de la calidad de aquel alumno y lo hace casi su amanuense. El joven, con admiración no disimulada, lo convierte en su modelo ideal, en su "rol model", como se diría hoy. Pero el ambiente de la escuela no transpira adhesión a España, sino a las ideas de libertad que van a dar origen al estallido revolucionario de 1868 que inicia lo que se conoce como Guerra de los Diez Años.

Martí, apenas iniciada la adolescencia, con su exquisita sensibilidad y su adhesión al Maestro amado, se siente vibrar al unísono con el ideal libertador. Y, por supuesto, tiene problemas por ello en su casa, aunque no tan graves como a veces se suele afirmar. Pero de todos modos, ya han comenzado los dilemas en su vida, pues ha de elegir entre el deber personal y familiar y sus deberes hacia la Patria que siente con fuerza imperativa. De esa inicial lucha íntima nacen dos hechos: uno, a nivel literario. Escribe su poema dramático ABDALA, un canto a la libertad. Otro, en el plano de la mera acción: una carta acerada al compañero de clases que se ha incorporado a las filas españolas. Tras ello –ya se sabe– la cárcel y luego el destierro. Su suerte está echada. Apenas tiene diecisiete años. Cumplirá los 18, ya en Madrid, como un desterrado. Con ello un nuevo factor comienza a forjar el carácter del héroe. La nostalgia de lo dejado atrás, de la familia, de la tierra natal. Nostalgia que se irá acentuando a través de toda su vida. Pues, después de ese primer destierro, Martí sólo volverá a vivir en Cuba por aproximadamente un año, entre 1878 y 1879 cuando es desterrado nuevamente. Eso explica que esa nostalgia se convierta en un factor para redondear su carácter y su vida y para impulsarlo a la acción. Por eso tuvo tanta razón Jorge Mañach cuando en un discurso en el Senado de la República del que era miembro, dijo en 1941:

> Quiero destacar ahora otro factor emocional que es ya de la madurez. Me refiero a la nostalgia, a la emoción del alejamiento de Cuba... Quien no haya sufrido ese desprendimiento sin quererlo... no comprenderá todo lo que significa para un alma delicada... Era la nostalgia quemante y creadora. de que habla el terceto dantesco. Creadora digo, pues por la sublimación de su isla vedada... alimentó Martí el redentismo y movió a los demás exilados... heridos de la misma dulce llaga...(2)

Pues hay algo muy curioso en la vida que hoy recordamos. Y es que se ha de regir siempre por los valores que ha ido asimilando durante su formación. Del padre —y que quede bien claro— su amor insobornable a la justicia y su casi nulo afán de lucro, así como su honradez como él mismo lo reconoció en carta a Mercado en enero de 1887, donde dice: "No puede Vd. imaginar cómo he aprendido en la vida a venerar y amar al noble anciano a quien no amé bastante mientras no supe entenderle. Cuanto tengo de bueno trae su raíz de él."(3) Del maestro Mendive aprendió su amor sin fronteras por la libertad y su admiración y devoción a la belleza y a las tareas del espíritu, concretamente a la literatura. Y ya luego, la nostalgia por el destierro obligado. Con estos elementos y sin poder renunciar a ellos por ser ya cosa entrañable —parte de su ser— se traza Martí la ruta de su vida, posiblemente sin darse en un principio cabal cuenta de ello. Pues aunque desde muy pronto se sintió llamado a desempeñar un papel en la liberación patria, en un principio —y por varios años— creyó que podría armonizarlo con una vida normal. Los hechos, las experiencias de cada día, le demostrarían que no era así. Mas tardó en comprenderlo, en comprender que su vida tenía una misión. Porque él la sentía así. Y toda misión –si ha de cumplirse a plenitud– reclama la vida entera. Y porque vivió inicialmente con la ilusión de poder funcionar como cualquier otro ser humano, hizo múltiples ensayos de arraigo sustantivo en lo que no era su misión. Así intentó crear una familia con el fracaso que todos conocen. O vivir su vocación de escritor para la que estaba singularmente dotado y que era lo más próximo a su afán misionero. O desarrollar labores como las diplomáticas y consulares que podían servir para enlazar y enriquecer espiritualmente lo que él, con gran acierto, llamó "Nuestra América" y alguna vez "Madre América". Pero si todas estas tareas estaban muy cerca de su misión, no eran en sí la fundamental. Por eso, aun cuando se entregó a ellas con toda el alma y con el mayor esfuerzo, no lograron en verdad llenar jamás el vacío de Patria que sentía y que, por encima de todo, reclamaba todas sus energías. Por lo que, finalmente, renunció a todas. Pues se convenció de que su misión –la que él se había impuesto– lo reclamaba todo sin dejar espacio para nada más. Los que conocen las religiones saben que siempre es así. El que se entrega a una misión le promete la vida y, además, se la ofrece gustoso. Y eso fue lo que hizo José Martí. La vida como misión a la que sacrificaría todo. Y si bien no se percató a tiempo de ello, ya desde muy joven aparecen como relámpagos de esa verdad en lo que escribe. Así, antes de partir a su primer destierro, le dice a Mendive el 15 de enero de 1871: "De aquí a dos horas embarco desterrado para España. Mucho he sufrido, pero tengo la convicción de que he sabido sufrir" (4). Y en carta a Nicolás Domínguez Cowan, de Veracruz, en enero de 1877, escribe: "Hay voces íntimas que dicen lo que se debe hacer, y yo las obedezco siempre."(5)

Basten estas citas para comprobar cómo Martí sintió desde muy pronto un imperativo ético, casi religioso, hacia su tierra y es esto lo que le hizo servirla como en misión sagrada. Los hechos de su vida, desde muy pronto, van poco a poco situándolo. En un principio, aun no desilusionado de la posibilidad de cumplir a tiempo con la vida personal y con su misión, intenta arraigarse, primero en Guatemala, luego muy brevemente en la propia Habana, después, por cortos meses, en Caracas y más tarde en Nueva York. Y todo le falla. Su pasión libertadora echa por tierra todos sus proyectos. Pues ya, desde su llegada a Nueva York en enero de 1880 —y antes de reunirse con su mujer y con su hijo— se ha incorporado a las tareas revolucionarias colaborando en la preparación y desenvolvimiento de la Guerra Chiquita. Y esto a punto tal que se sabe que una de las proclamas de Calixto García fue redactada por Martí. Estas actividades en pro de la revolución por la libertad de Cuba en verdad nunca cesaron. A veces las paralizaba en la apariencia cuando la reacción de los demás cubanos le era hostil. Hostilidad no siempre nacida de bajas pasiones, sino de la sorpresa que producía aquel joven, que sin haber participado en la lucha de los Diez Años, pretendía erigirse en conductor de los nuevos movimientos. Lógico era que despertase entonces recelos, comentarios mordaces y aún envidias. Y todo llegaba a Martí. A veces parecía ignorarlos, otras los pasaba por alto y se retiraba limpiamente, como cuando se negó a participar en un acto en Filadelfia al que había sido invitado. En otras ocasiones su reacción era más abierta y explícita como en la disensión con Maceo y Gómez en 1884, cuando le dijo al dominicano genial: "General, un pueblo no se funda como se manda un campamento". Pero eso no quería jamás decir que renunciase a la tarea que se había impuesto. Porque desde siempre había meditado mucho en los problemas de su tierra y en las causas de los fracasos anteriores. Y el creía tener la solución. La Revolución no podría triunfar hasta que no fuera sentida y querida desde lo íntimo por todos los cubanos de dentro y de fuera. Despertar esta conciencia, fomentar la adhesión a ese ideal, alimentarlo y vertebrar todo en una sólida organización era la primera tarea antes que todo movimiento armado. Pues como él mismo afirmó alguna vez, al pueblo hay que ganarle el pensamiento. A tono con este criterio toda su actividad la concentró en un principio en lograrlo. Y lentamente, con su pluma incansable y su voz cálida, intentó llegar a todas partes, en el destierro y dentro de Cuba. Con discursos, cartas, enviados especiales cuando fue posible, artículos periodísticos, atención a las reuniones de simple convivencia de los cubanos. En fin, hizo uso de todos los recursos que tenía en sí para mover voluntades, despertar fuerzas dormidas, proponer ideales. Le ayudaba en el propósito, claro está, su indudable encanto personal, como lo atestiguó en más de una ocasión Blanche Zacharie de Baralt, su buena amiga, quien escribió al respecto:

> Poseía en grado sumo el arte de ganar amigos y de conservarlos... Era generoso con excelsitud: daba, daba sin tregua, su cariño, su inteligencia, su tiempo, su saber, su bolsa —enjuta con frecuencia, jamás cerrada— daba hasta dar en supremo holocausto la propia vida.(6)

Pero la tarea no le fue fácil como ocurre siempre en la vida, pues como él mismo dijo "...No hay para un hombre peor injuria que la virtud que él no posee"(7). Y su incansable actividad le originó infinitas críticas. Se le tildaba de altanero, de literato incapaz de irse a la guerra, de vividor, de ambicioso de poder. Y no se puede culpar totalmente a los que así opinaban. Aquel hombre era un raro fenómeno humano que escapaba a lo habitual. Y él —¡cómo no!— se dolía de ello. Pero, al fin, comprendía y perdonaba. Y esto a nivel tal que muchos de los que más lo hirieron fueron más tarde sus más entusiastas admiradores. Y no cito porque esos nombres deben ya quedar limpios de mancha.

En esta tarea de aglutinar tras una conciencia a todos los cubanos empleó Martí gran parte de los quince años que vivió en Nueva York, salvo el breve período de unos meses que pasó en Caracas en 1881. Esta tarea la desarrolló y la continuó intermitentemente hasta el final. Y, como ya insinué, eso despertaba recelos, envidias. Por aquel entonces se publicaban en Nueva York –al igual que hoy– varios periódicos pequeños alimentados por la nostalgia de los desterrados. En la mayoría de ellos, principalmente en uno, *El Porvenir*, las críticas a su labor eran, si no obvias muchas veces, sí solapadas y en algunas ocasiones muy punzantes. En general, con esto él se mortificaba poco en lo que a su persona se refería. Pero sí le importaba, y mucho, el daño que con ello pudiere hacerse al movimiento revolucionario. De ahí que, para situar las cosas en su punto, fundase –tan pronto como le fue posible– un periódico, para diseminar su sana doctrina basada en el amor, en la cooperación de todos y en la estima real y no ficticia de los principios democráticos. Así nació PATRIA. Su primer número se publicó el 14 de marzo de 1892. En sus páginas aparecían, bajo la mirada vigilante y orientadora de su promotor, artículos de doctrina política, de enaltecimiento de los valores hispanoamericanos, o de información sobre la vida de los desterrados, sin despreciar ningún aspecto. Por PATRIA sabían los cubanos y puertorriqueños de todo lo que les concernía. Y no había acontecimiento grande o pequeño, de valor en la comunidad, que no se comentase. Recuérdese a guisa de ejemplo, el devoto recuerdo de la muerte de la madre de los Maceo. Y he de confesar que siempre me ha sorprendido que las casas editoriales tan celosas de un buen mercado no hayan publicado un breve libro con cosas de PATRIA, mucho de lo cual es del propio Martí.

Pero, no sólo fue PATRIA uno de los instrumentos de la labor callada y tesonera de Martí para darle una base sólida a la revolución: antes, aprovechando el entusiasmo de los que lo oían, de los que lo leían, sugirió a los cubanos y puertorriqueños la necesidad de fundar "clubs", que de modo sistemático se dedicaran a hacer propaganda. a diseminar doctrinas libertadoras tanto para Cuba como para Puerto Rico y a recaudar fondos para hacer posibles sus labores. En un principio estos "clubs" se fundaron en Nueva York, en Key West, en Tampa, en Filadelfia, en Nueva Orleans. Cada uno era autónomo para desarrollar sus actividades, pero había una disciplina que los regía. Cuando ya fueron numerosos vio Martí la necesidad de vertebrarlos en un organismo que los abarcase a todos y que tuviera a su cargo la organización en serio de la revolución en Cuba, incluyendo la revolución armada que conquistaría la libertad. Y así surgió el "Partido Revolucionario Cubano", propiciado por todos los "clubs" y que, mediante elecciones democráticas, eligieron su directiva. La organización del Partido tuvo lugar en Key West el 10 de abril de 1892. El Partido tenía fines claramente establecidos y unos Estatutos Secretos que permitirían la organización del movimiento revolucionario. Serían los directores del Partido un Delegado con amplios poderes, pero sujeto a los estatutos. Un Tesorero que debía supervisar y dar cuenta de los fondos y un Secretario. Siempre me ha sorprendido y me ha llamado la atención que se haya especulado poco sobre este nombre de Delegado. Hubiera sido más fácil y usual llamarlo Presidente. Sin embargo, detrás del nombre –pienso– hay una filosofía. El que lo ejerciese, y al inicio obviamente iba a ser Martí, debía sentir que sus poderes eran sólo por delegación, en modo alguno dirigidos por su capricho personal. Así, sin alardes, respondía aquel hombre a las acusaciones que se le hacían. Pasado el tiempo los principios del Partido darían origen a ese documento fundamental que es el Manifiesto de

Montecristi firmado por Martí y Gómez en Santo Domingo poco antes de salir para la guerra en Cuba, el 25 de marzo de 1895. Y del cual ha dicho Mauricio Magdaleno, uno de los biógrafos de Martí, que "es uno de los gritos capitales de la honra humana." (8)

Cumplidas las tareas organizativas que darían base y doctrina al movimiento armado era indispensable contar con los elementos que debían dirigir la empresa militar. Y, por supuesto, Martí sabía que estos hombres debían ser los que con su conducta y pericia se habían ganado el respeto de todos los cubanos. Estos eran, fundamentalmente, Máximo Gómez y Maceo, además de los muchos que estaban en la Isla o diseminados por el destierro. Como esta idea era en sí fundamental, desde muy pronto comenzó a informar a dichos líderes de sus labores de organización. Y ya en 1887 le escribió una larga y bien madura carta a Gómez ofreciéndole variada información pero, todavía, sin ninguna proposición concreta. Mas, en 1892, ya con los organismos de base bien estructurados, era el momento de precisar a Gómez. Es de entonces la carta en que le ofrece la jefatura militar de la Revolución. La carta está fechada el 15 de septiembre de 1892. Y entonces, decide ir a Santo Domingo para entrevistarse personalmente con el gran dominicano. De la misma manera proyecta entrevistarse con los hermanos Maceo, con Flor Crombet y otros líderes militares. El año 1893 lo contempla viajando de continuo, estrechando las relaciones con los revolucionarios de Cuba y allegando fondos en todas partes siempre que tuvieran un limpio origen. Pero aún queda una labor que no desea confiar a nadie. Es la adquisición de los barcos que cumplirían con su plan de invasión simultánea en la Isla que, de acuerdo con los organizadores internos, debían alzarse en una misma fecha. Calladamente realizó toda esa empresa a un nivel de eficiencia difícilmente imaginable. En esta taren se reveló Martí como lo que nunca nadie hubiera pensado de él, como un hábil y eficaz conspirador que había hecho del secreto y del sigilo sus armas de combate. Todo esto está ocurriendo en el año 1893. Para entonces hay que precisar ajustes. Y Gómez viene a Nueva York, con su hijo Pancho. A su regreso a Santo Domingo le deja al hijo como compañero de tareas para los viajes que debe emprender el conspirador. Lamento que el tiempo me impida dar detalles de esta relación entre el hijo del guerrero y el organizador de la Revolución. Baste decir que se aficionaron mucho uno al otro y que las cartas de Martí a Gómez nunca silencian la admiración que se ha ganado el joven. Por fin ya todo parece listo para el estallido de la guerra. La orden depende de Gómez. Y por razones no siempre claras esta orden no acababa de llegar. Los comprometidos urgen a Martí. Pero éste nada puede ni debe hacer. La jefatura estaba en otras manos. Decide Martí en julio —en virtud de la demora antes dicha— irse a México por breves días. Lo anima el ver a antiguos amigos, y el tratar de dejar allí una base de suplemento de fondos luego que la guerra estalle. El viaje dura pocos días. Reside durante ese tiempo en casa de Mercado, disfruta de la familia del buen amigo y contacta a otros de tiempos pasados. De esa fecha hay un hermoso testimonio de Luis G. Urbina dando cuenta de la visita de varios al taller de un escultor(9). Finalmente, regresó a Nueva York tratando de calmar impaciencias, rodeando de silencio su proyecto, acallando celos entre los revolucionarios, tratando de complacer en lo justo y sin ceder ante lo imposible. Se le urgían fondos que todos creían muy abundantes. Y él en su tarea, callado, enfermo, sin casi poderse sostener. Pero atendiendo a todo lo fundamental. Así logró fletar tres barcos: el Amadís, el Lagonda y el Baracoa que llevarían las tres expediciones planeadas y que partirían del puerto de Fernandina, en la Florida. La traición o la cobardía, o quizás algo peor, de un cubano que había participado en la Guerra de los Diez Años dio al traste con todo. Denunció la verdad, creando problemas insospechados. La inteligente y bien dirigida actuación de un joven abogado norteamericano, Horacio Rubens, amigo de Martí, logró salvar parte de los armamentos. Pero el plan tan bien urdido había fracasado. Martí se desesperó. Su angustia no puede calibrarse. Pero pronto resurgió pues como él mismo había dicho muchos años antes "Alzar la frente es mucho más hermoso que bajarla y golpear la vida es más hermoso que abatirse..."(10). Y es que, en contra de lo que se hubiera podido pensar, la magnitud real de lo descubierto aumentó su crédito en el destierro, que a partir de allí no vaciló en juntar el hombro con él para el empeño final, ese que estalló en Baire el 24 de febrero de 1895. Martí se fue volando a Santo Domingo a reunirse con el General. Y ambos logran al fin, tras múltiples peripecias, desembarcar en Playitas, en el área de Baracoa, el 11 de abril de 1895. Los incidentes de esa experiencia dieron origen a un maravilloso documento literario, el "Diario de Cabo Haitiano a Dos Ríos", que todo cubano e hispanoamericano debe leer. En su texto transparece el sentido de misión que tuvo la vida de Martí. La consagrada heroicamente el 19 de mayo de 1895 y que él previó en la estrofa que dice: "Yo quiero salir del mundo / por la puerta natural / en un carro de hojas verdes / a morir me han de llevar" (11). Como todos los cubanos saben, así fue. Y así ha quedado de ejemplo para nuestro pueblo. Esperemos que lo oigan y lo sigan.

NOTAS

1. *Martí visto por sus contemporáneos*. Selección y prólogo de Antonio Calatayud. Mnemosine Publishing Co., Miami, 1976, p. 98.
2. Jorge Mañach. "El pensamiento social y político de Martí." Folleto. La Habana, 1941. p.8.

3. José Martí. *Obras Completas*. 27 tomos. La Habana, 1975. T.20, p.102.
4. Id. p.247.
5. Id. p 257.
6. *Martí visto...* (ya citado), p. 14.
7. Martí, *O.C.*, T. 19, p. 208.
8. Mauricio Magdaleno. *Fulgor de Martí*. México, 1941. p.258. Se aclara que esta biografía de Magdaleno no goza de buen crédito entre muchos martianos por los errores biográficos que contiene y afirmaciones sin comprobación factual. Es también una obra llena de pasión y de convicciones políticas, que no es siempre objetiva al evaluar los hechos. Sin embargo, es posiblemente la biografía más lírica que se ha escrito sobre el héroe cubano y logra transmitir a sus lectores la singular calidad humana, poética y ética que tuvo José Martí, además de proporcionar en algunos casos algunos datos muy interesantes y que suelen silenciarse.
9. *Martí visto...*, p. 152. Véase también *Fulgor de Martí*, arriba citado, en la página 246.
10. José Martí. *Obras Completas*. (Edición conmemorativa del cincuentenario de su muerte). LEX. Dos tomos. La Habana, 1946. T.II, p. 629. Se cita de esta edición porque vale la pena recordar que fue promovida y editada por tres españoles radicados en Cuba y enamorados de la obra de Martí. Cuidaron de la edición con increíble esmero y devoción. Se publicó en dos tomos de más de 2,000 páginas cada uno, en papel biblia, y encuadernados en piel o cuero. Su carátula sólo lleva la firma facsímile de José Martí en letras doradas. Es justo que se consigne el nombre de estos españoles. Fueron Mariano Sánchez Roca, Rafael Marquina y Manuel Isidro Méndez, gran martiano.

11. José Martí. *Ismaelillo. Versos Libres. Versos Sencillos.* Edición de Ivan A. Schulman. Madrid, 1982. Poema XXIII de los *Versos Sencillos*, p. 198.

(Publicado originalmente en *Cuadernos del Lazarillo. Revista literaria y cultural.* No. 9, septiembre-diciembre de 1995. Páginas 30-34.)

MARTÍ: CARTAS A UNA NIÑA
Conferencia pronunciada en la Asociación Pro-Cuba de Elizabeth (New Jersey) el 23 de abril de 1995.

Fue José Martí hombre de ternura infinita ante todo lo que lo merecía, especialmente hacia los infelices y hacia los niños. Por eso tuvo tanta razón Gonzalo de Quesada y Aróstequi, su amado discípulo, cuando a los diez años de su muerte heroica en Dos Ríos publicó con muchas dificultades, pero con un gran amor, la obra que José Martí proyectó para los niños, *La Edad de Oro*. En la introducción al libro, impreso en Italia en 1905, escribió Quesada:

> Cual símbolo de amor y de ternura, era de color celeste la cubierta que encerraba cada entrega, pues de ternura y amor fue la tarea de quien sólo deseaba, por galardón, que sus lectores queridos vieran en él a un amigo. (1)

Y el propio Martí en las palabras introductoras a su revista dice: "Para los niños es este periódico, y para las niñas, por supuesto. Sin las niñas no se puede vivir, como no puede vivir la tierra sin luz". (2)

Esa ternura hacia los niños, y especialmente hacia las niñas, la manifestó Martí muy pronto en su vida. Sus hermanas alimentaron y reclamaron mucho de esa ternura. Pero ello era natural. No tanto, en cambio —cuando siendo muy joven en 1875— a su llegada a México, conoció a las hijas de su amigo Manuel Mercado, entonces niñas y se sintió enternecido por ellas, especialmente por Luisa. De ahí que en su correspondencia de casi veinte años con el buen mexicano nunca las olvide. Y cuando en 1894 —antes de su incorporación a la Guerra de Independencia de Cuba— va a México en sus tareas de conspirador, las vuelve a ver y siente renacer su antigua ternura. Así en una carta que escribirá desde allí a María Mantilla, su niña querida, le dirá:

"Son mujeres ya las tres hijas de Manuel Mercado y para mí son como si fueran niñas. La casa parece una jaula de pájaros deshecha cuando llego". (3)

Y de esa visita de Martí a México hay un precioso testimonio de un hijo de Manuel Mercado –Alfonso– entonces adolescente, donde resaltan las cualidades de ternura y encanto que Martí mostraba ante los niños y jóvenes. De ese testimonio son estas frases: "Mis hermanos y yo vivíamos colgados de sus labios, no le perdíamos palabra, y harto aprovechábamos sus lecciones. Por mi parte, puedo decir que entró tan hondamente en mi espíritu el modo de pensar y de sentir de Martí que para siempre se ha conservado en mí, y que muchas de sus ideas y pensamientos me han servido de norma en la vida." (4) Y añade: "Su irresistible seducción, su palabra de un incomparable atractivo, nos hacían vivir a todos, a los muchachos principalmente, endiosados escuchando sin cesar a aquel hombre" (5)

Lo que casi coincide con lo que María Mantilla le comentó a Félix Lizaso en una entrevista acerca de la primera vez que asistió con Martí a la representación de *Carmen* en Nueva York y que el entrevistador reporta asi: "Nunca olvidó la impresión que le hizo y cómo Martí le fue explicando toda la ópera… Siempre era lo mismo: como de todo sabía, sus explicaciones eran maravillosas" (6)

Con lo dicho es suficiente para comprobar como Martí era hombre de gran ternura. Pero el hecho de su atracción hacia los niños y jóvenes y la admiración que en ellos suscitaba requiere un intento de explicación. Pues hay mucha gente tierna que no provoca esa adhesión. ¿Cual es la razón de que en su vida Martí la suscitara y tan fervientemente?. Pocas veces se ha intentado una explicación. Aquí voy a apuntar una, para mí fundamental. Y es que Martí era un "maestro" nato. Alguien nacido para guiar, para orientar, para educar. Prueba. En la primera carta suya que se conoce, dirigida desde la región del

Hanábana a su madre –cuando aún no había cumplido diez años– le dice:

> Ya todo mi cuidado se pone en cuidar mucho mi caballo y engordarlo como un puerco cebón, ahora lo estoy enseñando a caminar enfrenado para que marche bonito, todas las tardes lo monto y paseo en él, cada día cría más bríos. (7)

Resalta en las frases citadas esta cualidad de Martí de sentirse maestro aunque fuera de un animal. Y si se repasa bien su vida se constatará cómo sin haberlo sido de modo formal durante la mayor parte de sus años fue, sin embargo, considerado como tal por muchos. A mi siempre me ha sorprendido que Rubén Darío, al conocerlo aquí en Nueva York, lo llamase Maestro. Y lo mismo lo llamaban muchos de sus colaboradores en las tareas revolucionarias. Pero el que tiene alma de maestro, como él la tuvo, sabe que para guiar hay que estar previamente informado para saber donde hay que señalar la meta. Martí descubrió pronto que esto provenía de estudiar y de estudiar con ahínco. De ahí que en la misma entrevista citada, María Mantilla comentase que "Martí era impresionante por lo que sabía…y…le decía que los libros eran sus mejores maestros, pues casi todo lo había aprendido de los libros." (8)

Pues bien, precisamente por esas características es que pudo escribir cartas a los niños de incalculable valor. Las más famosas son, en este sentido, las que dirigió a María Mantilla, a la que había visto crecer y amparado así como a sus hermanos. Dichas cartas fueron publicadas por primera vez en la Habana gracias a la devoción martiana de Félix Lizaso, en una edición facsimilar primorosa bajo el título de *Cartas a una Niña*. (9)

Estas cartas dirigidas a quien quería como a una hija no son más que ocho. Van de 1894 a 1895. La primera está fechada en Waycross, Georgia, el 28 de mayo de 1894. La última la escribe en Cabo Haitiano el 9 de abril de 1895. Pero, además de las cartas a María, hay las que envió a su hermana, Carmita, a quien también Martí quiso mucho. Son cinco que se espacian entre febrero 2 del 95 a la última que le escribe, sin fecha, pero seguramente del 9 de abril y también de Cabo Haitiano. Existen, además, las que dirigió a la madre de María, Carmen Miyares, y a sus hijos, y que tienen fundamentalmente un valor documental sobre sus actividades en la guerra, ya en Cuba, y que lo condujeron a su muerte heroica en Dos Ríos el 19 de mayo de 1895.

Vamos pues, en primer término, a las cartas a María. Como ya dije la primera es de 1894. En ese momento tenía la niña menos de catorce años. Y puede captarse que, además del cariño que le tiene, Martí siente la obligación de velar por la guía de esa muchacha que, como toda adolescente, sueña con la vida y sus alegrías. Esta primera carta no sólo muestra la ternura de Martí y la necesidad que tenía del cariño de esa niña, sino también su preocupación porque siguiera una disciplina en la vida. En fin, que Martí no abandona su innata vocación. Por eso, aunque la carta es muy breve, puede leerse en ella esto:

> ¿Te acuerdas de mí? Yo lo sabré a mi vuelta por el ejercicio en francés de cada día que hayas escrito con la fecha al pie, por la música nueva, por lo que me digan del respeto con que te has hecho tratar…(10)

Basta la lectura de esas líneas para tener conciencia de cómo Martí creía tener un deber moral hacia María y su hermana –ya huérfanas– y a quienes él, viviendo en su casa como huésped, había amparado por largos años.

La segunda carta desde Nueva Orleans –aunque no se dice– es del 29 de mayo de 1894. Otra vez aparece en ella el hombre preocupado por el destino de esa adolescente. Y, usando del humor muy poéticamente, le dice:

> María mía: Ya no te vuelvo a escribir hasta que no te vea, o poco antes, y quiero decirte adiós, para que no me olvides en las alegrías de Central Valley. ¿Ves el cerezo grande, el que da sombra a la casa de las gallinas? Pues ese soy yo, con tantos ojos como tiene hojas él, y con tantos brazos para abrazarte, como él tiene ramas. Y todo lo que hagas, y lo que pienses, lo veré yo, como lo ve el cerezo. Tú sabes que yo soy brujo, y que adivino los pensamientos desde lejos…

En este viaje iba Martí acompañado por el hijo de Máximo Gómez sobre el cual María, posiblemente, había hecho comentarios, porque le dice en la misma carta: "Pancho no se separa de mi cabecera, y hace muy buenos discursos: pero todavía anda jorobado, y se pone el sombrero sobre la oreja". Y ya casi al terminar, esta revelación de su ternura y de su necesidad de cariño: "A ver si piensas en mí, que te cuido y te quiero tanto." (11)

La tercera carta es la que le escribe desde México según apunté. En ella, además de hablarle de la alegría que le muestran las hijas de Mercado, insiste en su tono educador y le dice:

> Me han puesto la mesa llena de rosas y nardos; me ha hecho cada una con sus manos un plato finísimo, de comida o de dulce: cada una me ha preparado una sorpresa. A mí, a veces, se me llena de

lágrimas el corazón.- Y me pongo a pensar, y me pregunto si tú me querrás así, y Carmita, y Ernesto.-Yo todo lo que veo, quisiera llevárselo (sic) y no puedo nada. (12)

Las otras cartas, desde la cuarta hasta la última, la número 8, se escriben durante el viaje definitivo, cuando se embarca para Santo Domingo en busca de Máximo Gómez para incorporarse a la guerra en Cuba. La primera de éstas la escribe en el barco en que ha salido de Nueva York. Está fechada el 2 de febrero de 1895. Su texto es sumamente tierno, donde el cariño de Martí por la joven es más que obvio, y en el que no olvida su decisión de guiarla. Y le dice:

Mi niña querida: Tu carita de angustia está todavía delante de mí, y el dolor de tu último beso. Los dos seremos buenos, yo para merecer que me vuelvas a abrazar, y tú para que yo te vea siempre tan linda como te vi entonces. No tengas nunca miedo a sufrir. Sufrir bien, por algo que lo merezca, da juventud y hermosura. Mira a una mujer generosa: hasta vieja es bonita… (13)

No es posible leer estas líneas sin pensar en cómo Martí vive preocupado no sólo porque María estudie sino porque sea buena. Es decir, no únicamente por su formación intelectual sino también por su formación ética o moral.

En la carta número 4, fechada en Santiago de los Caballeros el 19 de febrero de 1895, se percibe un aire depresivo por la ausencia de sus seres queridos, especialmente de María. La encabeza diciendo: "Maricusa mía: ¿Cuántos días hace ya que no te acuerdas de mí? Yo te necesito más mientras menos te veo." Y algo más adelante le añade:

...cuando el día antes había pasado por el camino, lleno todo, a un lado y otro, de árboles de frutas, de cocos y mangos, de caimitos y mameyes, de aguacates y naranjos, pensaba en Vds., y en tenerlas conmigo, para sentarlas en la yerba, y llenarles la falda de frutas.

Para continuar:

Estás lejos, entusiasmada con los héroes de colorín del teatro, y olvidada de nosotros los héroes verdaderos de la vida, los que padecemos por los demás, y queremos que los hombres sean mejores de lo que son.

Y ya, casi al final, esto: "Haz tú como yo: haz algo bueno cada día en nombre mío." Y se despide así: "Un beso triste de tu José Martí." (14)
Es innecesario recalcar cómo en esta carta siente el hombre la nostalgia de lo dejado atrás y cómo sigue pensando en la educación de su María.
La carta número 6 va dirigida no sólo a María, sino también a Carmita, su hermana. La comienza: "Mi María y mi Carmita: Salgo de pronto a un largo viaje, sin pluma ni tinta, ni modo de escribir en mucho tiempo." Y continúa más adelante:

Las abrazo, las abrazo muchas veces sobre mi corazón. Una carta he de recibir siempre de Vds., y es la noticia, que me traerán el sol y las estrellas, de que no amarán en este mundo sino lo que merezca amor, —de que se me conservan generosas y sencillas, —de que jamás tendrán de amigo a quien no las iguale en mérito y pureza.

Y preocupado, les dice:

> ¿...en qué pienso ahora, cuando las tengo así abrazadas? En que este verano tengan muchas flores: en que en el invierno pongan, las dos juntas, una escuela: una escuela para diez niñas, a seis pesos, con piano y español...

Y termina con esta nota tierna: "Y mi honrado Ernesto, hasta luego. Pongan la escuela. No tengo qué mandarles- más que los brazos. Y un gran beso de su Martí." (15) Esta carta es del 25 de marzo. La séptima vuelve a dirigirse solamente a su niña. La encabeza así: "Mi Maricusa". Y usando otra vez del humor, le dice:

> ¿Y cómo me doblo yo, y me encojo bien, y voy dentro de esta carta a darte un abrazo? ¿Y cómo te digo esta manera de pensarte, de todos los momentos, muy fina y penosa, que me despierta y que me acuesta, y cada vez te ve con más ternura y luz? No habrá quien más te quiera; y sólo debes querer más que a mí a quien te quiera más que yo.

Y continúa hablándole de un regalo en su nombre que va a recibir de París que le enviará su amigo Ulpiano Dellundé. Y muy triste, con seguridad, le sugiere que "...cada vez que veas la noche oscura o el sol nublado, piensa en mí." Y poco antes de terminar le recuerda "...no hagas nunca nada que me dé tristeza o yo no quisiera que tú hicieses." Y después de firmar añade una nota tierna y festiva donde dice: "¿Y esa oreja de mi leal Ernesto? Le mando un beso allí donde se le heló, tú se lo das." (16)

La última carta es también de Cabo Haitiano y la dirige "A mi María". Es del 9 de abril. Es la única que —como carta— es muy larga. Tiene que ser. Pues más que una carta es, tal vez sin él ser consciente de ello, una despedida, un testamento vital, en que deja por escrito una serie de consejos y normas para su vida. Nunca fue Martí tan maestro para esa niña como en esta carta. La ternura y el cariño desbordan de ella como cuando la comienza diciendo:

> Y mi hijita ¿qué hace allá en el Norte, tan lejos? ¿Piensa en la verdad del mundo, en saber, en querer, —en saber, para poder querer,— querer con la voluntad, y querer con el cariño? ¿Se sienta, amorosa, junto a su madre triste? ¿Se prepara a la vida, al trabajo virtuoso e independiente...? (17)

Y más adelante continúa: "Elévate, pensando y trabajando... Enseñar es crecer..." Y sigue:

> ...por el correo te mando dos libros, y con ellos una tarea, que harás, si me quieres; y no harás si no me quieres.-Así, cuando esté en pena, sentiré como una mano en el hombro, o como mi (sic, debe ser una pobre lectura de la palabra *un*) cariño en la frente, o como la sonrisa con que me entendías y consolabas; -y será que estás trabajando en la tarea y pensando en mí. (18)

El resto de la carta no es, en verdad, más que un tratado de educación tanto intelectual como moral, y todo bañado en el efluvio de su amor por esa niña. En su texto se insiste en el proyecto de la escuela y se recomiendan dos libros básicos. Uno *L'Histoire Generale* que es una historia del hombre y del mundo en francés, que María debe traducir al español a página por día. E inmediatamente le da consejos para la traducción. No me detengo en ellos, pero le dice: "La traducción ha de ser natural, para que parezca como si el libro se hubiese escrito en la lengua a que se traduce, que en eso se conocen las buenas traducciones." (19) Y al insistir en un lenguaje natural le recuerda: "Yo quise escribir así en *La Edad de Oro,* para que los niños me entendiesen." (20) Y de paso le sugiere que vuelva a leer esa obra. Además le habla del otro libro que trata de la Naturaleza y le recomienda que lea el último capítulo titulado "La Phisiologie Vegetale"... "verás qué historia tan poética y tan interesante." Y le añade, sin duda preocupado porque María se entusiasme en demasía con la lectura de poesías fáciles y no desarrolle buenos hábitos de pensamiento, esto: "Lee pocos versos... Donde yo encuentro poesía mayor es en los libros de ciencia." Y no olvida su formación ética, porque le dice: "Es como la elegancia, mi María, que está en el buen gusto y no en el costo...Mucha tienda, poca alma." Y en esa misma vena de orientación le dice: "Pasa callada por entre la gente vanidosa. Tu alma es tu seda", refiriéndose sin duda a que no debía desvivirse por los vestidos de este material. Y todavía este otro consejo: "Envuelve a tu madre y mímala, porque es grande honor haber venido de esa mujer al mundo." Y continúa: "Siéntete limpia y ligera como la luz." Y ya, al terminar, con la intuición de su posible muerte, le dice: "Y si no me vuelves a ver... pon un libro, el libro que te pido sobre mi sepultura. O sobre tu pecho, porque ahí estaré enterrado si muero donde no lo sepan los hombres" Y ya, como despedida, le dice: "Trabaja, un beso. Espérame. Tu Martí."(21)

He tenido que resumir mucho de esta carta que todo padre debe leer. Cuando la recipiente, María Mantilla, estuvo en la Habana, en la entrevista citada, Lizaso le preguntó: ¿Y pusieron la escuela?. A lo que ella respondió "...que a su muerte tuvieron la pequeña escuela que él les había aconsejado, por algún tiempo, con unas pocas discípulas." (22)

Pero no debo terminar este recuento sin referirme a las cartas que escribió a la otra hermana, a Carmita, entonces ya una jovencita.

De la lectura de ellas transparece para mí la idea de que ésta era más seria y perfeccionista que su hermana. Y Martí la trata como a persona más madura y le recomienda tener más seguridad en sí misma. Las cartas son cinco, según dije. De la primera, escrita en el barco el 2 de febrero, copio:

> Mi Carmita buena: Muchos días han pasado, y pasarán, después de aquel doloroso de mi salida, sin que este mar nuevo ni el cielo claro me hagan olvidar tu pena y tu cariño. Es un pensamiento parecido al sol, que sale de repente de entre las nubes negras, y llena de color la mar oscura.(23)

Y en la misma carta esta frase: "Hay pocas almas tan capaces como la tuya de fidelidad, que es la aristocracia verdadera." Y luego esto: "Tú misma te estimas más, y te respetas más desde que estudias y sabes. Eso quita penas y da autoridad y ventura. Sólo el desocupado es desgraciado." (24). En la segunda carta le dice que Manuel ha regresado y se siente muy solo por lo que se despide así: "...cuida bien a Manuel, que va contento de sí mismo, y capaz de grandes cosas, y a esa riqueza de tu madre..."(24)

En la tercera carta hay esta frase que invita a meditar: "En la vida de dos no hay ventura sino cuando no se lleva demasiada ventaja o resalta con demasiada diferencia, uno de los dos." Para decir más adelante: "La bondad es la felicidad cuando no se la exagera como la exageré yo." (25)

En la cuarta le vuelve a recordar "Quiere mucho a tu madre, que no he conocido en el mundo mujer mejor." (25) Y ya en la última, posiblemente del 9 de abril también, le dice: "De ti y de tu paciencia, hablaba ayer... Pero te pinté como eres, natural y generosa, enemiga de pompa y de mentira, sin más defecto ni pecado que enojarte cuando las cortinas de la sala no quedan exactamente a la mitad." Y se despide así: "...te lleva en el alma tu Martí."(27)

Lo expuesto da testimonio de lo que sugerí desde el principio. Que es cierto que Martí era un alma tierna que amaba a los niños, pero que sobre eso brillan las cualidades que tuvo como Maestro, por lo cual lo es aún para su pueblo. Y para cuantos lo lean será siempre un motivo de meditación y una incitación al esfuerzo para ser cada día mejores, pues éste era su supremo ideal, el engrandecimiento del ser humano, en quien creía y por ello, en su perfectibilidad. Al fin, era un maestro.

Para recordarlo y rendirle este modesto tributo nos reunimos aquí esta tarde. Muchas gracias.

Nueva York, 6 de abril de 1995. - New Jersey, 23 de abril de 1995

NOTAS

1.- Gonzalo de Quesada y Aróstegui,-"Nota Preliminar". En: José Martí, *Obras Completas*. La Habana, Cuba, 1975. Tomo 18, p. 275 (*La Edad de Oro.*)
2.-Id. P. 301.
3.-José Martí, *Obras Completas,* Tomo 20. (Epistolario), p. 211.
4 y 5.- Alfonso Mercado.-"Mis recuerdos de José Martí", *Revista Bimestre Cubana*, Vl. XIX, La Habana, Marzo-Abril, 1952, p.163.

6.- Félix Lizaso.- "María Mantilla en el Centenario de Martí." Entrevista especial para Bohemia con fotografías de Martínez Paula, Revista *Bohemia*, La Habana, Cuba, Edición del Centenario, de 28 de enero de 1953. Se aclara que estas páginas no están numeradas. Posteriormente ha sido reproducida en *Iconografía. Recuerdos del Centenario de su nacimiento*, editada por Empresas Recuentos, en Hialeah, Florida, siendo su Administrador-Director Joaquín Fariñas. Tampoco están numeradas las páginas de dicha edición, pero corresponden a las números 111-115. Lo citado es de la página 112. (Se aclara que esta ICONOGRAFÍA no aparece con fecha.)
7.- José Martí. *Obras Completas*. Tomo 20, p. 243.
8.- F. Lizaso. Entrevista citada, p. 113.
9.- José Martí. *Cartas a una niña*. Edición facsimilar. La Habana, Cuba, 1950.
10.- José Martí. *Obras Completas*. Tomo 20, p. 209.
11.-Id, pp. 210-211.
12.-Id, p. 211.
13.-Id, p. 212.
14.-Id, p. 214.
15.-Id, p. 215.
16.-Id, p. 215.
17-18.-Id, p. 216.
19-20.-Id, p. 217.
21.-Id,p. 218-219
22.- F. Lizaso. Entrevista citada, p.113.
23-24.- José Martí. *Obras Completas*. Tomo 20, p.233.
25.- Id, p.235.
26.- Id. p. 236.
27.- Id, p.237.

LAS BIOGRAFÍAS DE JOSÉ MARTÍ
(Ponencia presentada en el XII Congreso de la Asociación Internacional de Hispanistas, celebrado en la Universidad de Birmingham, Inglaterra, en agosto de 1995.)

Toda vida es novela. Se ha dicho mucho y se comprueba en la experiencia. También son todas misterio entrañable. Se explica. A nadie se le da la vida hecha. Hay que hacérsela. Por esto es toda vida creación y, por lo mismo, novela. En lo humano nada se repite. Pero hay casos en que esta condición se ahonda, se intensifica. Porque dichos sujetos tienen una vida que en lo fundamental se ajusta poco a la normalidad de la mayoría de las existencias. Y son estas vidas plenas de múltiples peripecias, no usuales, las que reclaman la atención y las que incitan a la biografía. En el caso de José Martí esto es tan patente que se multiplican los estudios biográficos. Hay ya muchas biografías suyas y, seguramente, se escribirán otras, muchas otras. Eso no indica que realmente se conozca y se entienda a cabalidad su vida. En verdad, para nadie es esto posible. Pues la vida es misterio, aun para el propio sujeto que la vive. Y una total claridad sobre ella cae siempre en el terreno de lo utópico. Pero cada aproximación, cada biografía, arroja una nueva luz. Y a veces es tanto el resplandor que la auténtica vida desaparece para dar lugar al mito y la leyenda. No es aún el caso con Martí aunque haya que cuidarse del peligro. Por ello es que nos vamos a centrar básicamente en tres de las biografías que se conocen y gozan, merecidamente, de buen crédito. Y al correr de estas páginas aparecerán, de cuando en cuando, referencias a algunas otras.

Pero antes de entrar en su estudio debe decirse que toda biografía requiere de parte del que la escribe un caudal de condiciones. Estudio, en primer término, lo que supone la tarea previa de una buena acumulación de datos, sin que éstos primen de tal modo que oscurezcan la trayectoria del biografiado. Por ello escribir biografías no le es dable a todo el mundo. Hay que tener un especial talento. Y de ese talento forma parte no sólo la inteligencia sino la sensibilidad, a más de esa facultad de aprehensión que se llama intuición y que adivina, más que sabe. Sin ello no hay biografía valiosa posible. En este siglo, próximo a su fin, se recuerdan entre otras, las muy estimables de Emil Ludwing quien, por cierto, se detuvo en Martí en su Biografía de una Isla, o las de André Maurois por no citar más que dos creadores. Pero todavía hay otra condición que debe tener el buen biógrafo. Y es cierta delicadeza, cierta estructura ética, para no viciar con datos insustanciales la figura que se presenta. En un libro de casi reciente publicación en Francia y que apenas es conocido, su autor, Mathie Benézet, dice: "Ces êtres se doivent manier avec d'infinies précautions, et respect". (1) Y el propio Martí en su estupenda semblanza de Emerson, cuando su muerte, escribió: "¡Al hombre ha de decirse lo que es digno del hombre y capaz de exaltarlo!". (2) Pero, cuidado. No se infiera de esto que deben silenciarse los hechos. En modo alguno. Sólo no sobreponer el dato privado e insustancial, sin importancia para la figura, al verdadero derrotero de la vida que se intenta retratar. Además, la apreciación de un hecho o experiencia cualquiera depende siempre del punto de vista del que ve y juzga por lo que aun coincidiendo los hechos no pueden jamás ser iguales, ni siquiera parecidas, las versiones que de dicho hecho se emitan. Y ahora al tema.

Vamos a decir cuáles son las tres biografías seleccionadas. Por orden de aparición son éstas: *Martí, el Apóstol*, por Jorge Mañach, cuya primera edición es de 1933, *Martí, místico del deber*, por Félix Lizaso, de 1940 y *Martí, ciudadano de América*, de Carlos Márquez-Sterling, de 1965 y que tuvo una primera versión titulada *Martí, Maestro y Apóstol* de 1942. Se basará nuestro estudio en la de 1965.

Las tres biografías gozan de excelente crédito pese a ser muy diferentes. Y se explica. Por lo que ya se ha dicho, estas biografías se atienen en lo fundamental a la admiración sin reservas que los tres escritores sintieron por José Martí. Pero en muchos casos difieren por el énfasis en determinados aspectos y en la vertebración de los hechos que jalonaron la vida del biografiado. No podía ser de otro modo. Excelentes cubanos los tres, en su estudio de Martí primaron -como debe suponerse- la estructura íntima de la personalidad de sus biógrafos.

Jorge Mañach es el escritor de formación académica rigurosa tanto en Cuba como en Estados Unidos y España, y aún Francia, cuyos intereses intelectuales se centraron primordialmente en las letras y en las artes. Fue político sólo por sentido cívico. Y sus intereses se dirigían no sólo a lo cubano sino a todo lo que integra la cultura de Occidente. Por ello, su sensibilidad muestra, en muchos aspectos, similares registros a los de su biografiado. Tal vez eso explique la entusiasta acogida que tuvo su libro desde su aparición en 1933. Y el que haya gozado de múltiples ediciones. En 1975 se publicó la sexta y tengo entendido que hay ya proyectos para una nueva. Además, está traducida la biografía al inglés con un elogioso prólogo de Gabriela Mistral. Pero lo que he dicho no debe extrañar, pues Mañach vibraba intelectualmente al mismo compás de Martí por lo que alguien –un mexicano por cierto– buen conocedor de la obra martiana y amigo del escritor solía decir: "Mañach, usted nos engaña. Usted no escribió la biografía de Martí sino que dejó que él se posesionara de usted para escribirla. No olvide que en México defendió el espiritualismo". El biógrafo sonreía. Sabía que su obra se debía en mucho a su devoción y al empeño que puso en recolectar datos y anécdotas hasta donde le fue posible. Su biografía es de apasionante lectura para la mayoría y muchos le han señalado como defecto que es novelada. A primera vista pudiera compartirse el juicio. Pero para quienes conocen a fondo la vida de Martí es una biografía documentada y muy bien ensamblada para presentarnos la poética existencia –admítaseme la frase– que vivió José Martí y que da cuerpo a la figura que emerge del texto.

Félix Lizaso es el otro escritor seleccionado por su más que excelente obra titulada *Martí, místico del deber* de 1940. Escrita siete años después de la de Mañach es mucho más rica en datos. Explicable. Lizaso era un autodidacta, de lo cual siempre se sintió orgulloso. Al descubrir a Martí lo sintió como su ideal humano, como su gran maestro. A partir de entonces no tuvo otro interés en su vida que dedicarse a él. Quizás no pueda darse otra vez un hombre con la devoción martiana de Félix Lizaso. Su consagración a la figura del héroe fue incansable y ejemplar. Así él está como una sombra devota detrás de muchos de los esfuerzos en pro de la divulgación de Martí en la letra y en el espíritu. A él se debe, en gran medida, el que tuvieran continuidad y vigencia los papeles que constituyen la publicación de la revista –no es otra cosa– titulada "Archivos de José Martí", así como otras iniciativas para el mejor conocimiento de la obra del Apóstol.

De ahí que su biografía de Martí transpire un hálito de devoción tal que se hace presente hasta en el título: "místico del deber". Y por ese camino se adentró en las pesquisas tras de todo documento de difícil acceso que le diera más de su héroe para entrañarlo más en él y en el alma de su pueblo. Así se explica que por gestiones incansables obtuviera los originales de las cartas de Martí a María Mantilla, la niña querida, y que publicó en la Habana en 1941 en una primorosa edición facsimilar con el título de *Cartas a una niña*. (3)

La biografía de Martí por Lizaso difiere en muchos aspectos de la de Mañach, coincidiendo, por supuesto, en lo fundamental. Pero en el caso de Lizaso, hombre de muy estrictos criterios éticos y con gran pasión por Martí, los acontecimientos de su vida se presentan desde un punto de vista heroico y hasta super-humano, en forma tal, que a veces no se admiten algunos hechos de su vida. Y esto sostenido con tal vehemencia y convicción que muchos martianos se han sentido atraídos por sus tesis y las comparten.

La obra está no sólo bien escrita sino que revela con lujo de detalles muchos hechos al parecer insignificantes. A mí, por ejemplo, me ha sorprendido siempre el cuidado en los datos de este libro, como cuando enumera con precisión realmente admirable los diferentes domicilios de Martí en las ciudades en que vivió. Y es que su devoción por el Apóstol era tal que hasta la tarea más simple con respecto a él le planteaba un problema moral, el de cómo tratarlo. Prueba de ello es esta nota en que se refiere a cómo ordenar el epistolario martiano cuando él lo organizó por primera vez. La nota dice:

> Tuvimos la idea de establecer divisiones por materias: cartas políticas, cartas literarias, cartas íntimas. El temor de contribuir al aislamiento de aspectos complementarios en la obra de Martí nos hizo desistir. Además, no andan aisladas las cosas en su obra; todo mantiene una temperatura cordial en un entrecruzamiento de caminos. (4)

Esta biografía del héroe cubano es de imprescindible lectura para completar debidamente con datos fehacientes la imagen del hombre que fue José Martí.

La otra biografía que he propuesto para lectura es la debida a la pluma de Carlos Márquez Sterling. Fue éste —como los anteriores— un cubano excepcional. De sólida formación jurídica y humanista, tuvo por Cuba una pasión radical e intensa. Esto lo hizo un político, pero no de cualquier clase, por lo que más bien hay que reputarlo como un sabio estadista. No es extraño, por eso, que en su biografía se dé, más que en las ya comentadas, una importancia destacada a los aspectos políticos de la vida de Martí que, aunque no subestimados en las otras, en esta obra se ven justamente enfatizados y hasta enriquecidos. De ahí que encontremos en sus páginas datos que no aparecen en otras biografías. Una muestra la tenemos en esto:

> En marzo (1879, en la Habana) concurrió a una junta secreta para escuchar a Pedro Martínez Freyre que traía noticias de la conspiración de Santiago de Cuba. Todo ocultábase bajo seudónimos. El de Martí era Anahuac. Fue elegido Vice-Presidente del Club Revolucionario Cubano. (5)

No sabía entonces Martí que se le vigilaba. Pero poco después lo detuvieron y fue nuevamente deportado a España en el mes de setiembre. Su suerte estaba echada. Sería ya para siempre y hasta su muerte heroica en Dos Ríos el 19 de mayo de 1895, un independentista.

Otro de los méritos de esta obra está en que las relaciones personales de Martí en Nueva York, especialmente con Carmita Miyares y sus hijos, están presentadas con más liberalidad que en los otros textos. Comprensible. Era Márquez Sterling hombre de gran sensibilidad humana y que vivió largos años –hasta muy recientemente– lo que le permitió no sólo un alto nivel de comprensión en la vida sino modificar en mucho sus criterios de valor. Y, para terminar con este texto quiero añadir que –como ya apunté– está muy bien nutrido de datos y aciertos en la interpretación, por lo que debe ser un libro de obligada lectura.

Y no quiero terminar este estudio sin referirme, aunque sea someramente, a otras biografías y obras sobre Martí que deben leerse. Entre las estrictamente biográficas hay varias escritas por hispanoamericanos. De mexicanos hay buenas muestras, pues no debe olvidarse que el cubano hizo de México su segunda patria. Entre estas biografías señalo la de Mauricio Magdaleno, *Fulgor de Martí*, de 1941. Es muy apasionada y, en muchos aspectos, de pobre y aun errónea información factual, pero donde la personalidad de Martí transparece con gran esplendor. Otra obra que debe consultarse es la de José de J. Núñez Domínguez titulada *Martí en México* de 1934 y la del chileno Alberto Baeza Flores, gran amigo de Cuba y admirador de Martí, que ha escrito dos libros sobre el poeta cubano, el último de los cuales se publicó en Costa Rica en 1976 bajo el título *El Hombre de la Rosa Blanca*. Por cierto que en este libro hay un excelente juicio sobre lo que debe ser una biografía. Dice:

> La vida de un hombre es difícil y compleja. La vida de un hombre singular ofrece muchos mayores ángulos de dificultad y complejidad. La tarea del biógrafo es escuchar los grandes temas humanos de la vida que motiva su obra, y arquitecturar estos temas hacia una unidad que permita la variedad de los subtemas. (6)

Otro libro muy interesante por sus acertadas interpretaciones es el de la argentina Fryda Schultz de Mantovani titulado *Genio y figura de José Martí* de 1968 y que contiene una serie de fotografías altamente valiosas y algunas poco divulgadas. Y hay otro libro meritorio, también de un mexicano, Andrés Iduarte, que fue profesor en Columbia University en Nueva York y titulado *Martí, escritor* de 1945. No es un estudio biográfico sino crítico. Pero su primer capítulo, muy extenso, es un resumen abreviado de la vida de José Martí. Pocas veces se logra en una síntesis una visión más acertada de una vida como la que ha plasmado en este estudio Iduarte. Es por eso, aunque no fuera por sus otros méritos, que se recomienda su lectura.

Y, además de las biografías de autores cubanos a que primordialmente se ha dedicado este trabajo, hay muchas otras. Merecen especial mención *José Martí, el Santo de América* de 1941, por Luis Rodríguez Embil, así como la de Alfonso Hernández Catá *Mitología de Martí* publicada en Madrid en 1929. Y muy importante es consultar la que escribió Raúl García Martí, sobrino del héroe, hijo de su hermana Amelia, y que se titula *Martí, biografía familiar* de 1938. Debe, además, hacerse mención de una biografía escrita especialmente para niños *Vida de Martí* de 1935, por el escritor cubano Rafael Esténger. Y en este recuento no debe faltar la cita de un libro ilustrador de esta vida. Es el titulado *Martí en España* de 1938, por Emilio Roig de Leuchsenring.

Pero sería injusto silenciar el nombre de los españoles que de una u otra manera han estudiado al escritor cubano. Entre todos resalta la obra que escribió aquel hombre de excepción que fue Manuel Isidro Méndez cuya biografía *Martí* se publicó en la Habana en 1941 y que es muy valiosa. Y en lo que a la vida se refiere es ineludible citar las páginas de otros españoles notables. Basten ahora las citas de Fernando de los Ríos en su estudio "Ofrenda en torno a la vida de Martí" publicado en la *Revista de Estudios Hispánicos* en 1928 y el trabajo de Luis de Zulueta que apareció en la *Revista Bimestre Cubana* en 1939 con el lindo título de "Martí, luchador sin odio". Muchos otros españoles de gran relieve se han ocupado de él, como Miguel de Unamuno, en primer término, Federico de Onís, Juan Ramón Jiménez y Angel Lázaro –entre otros– pero no precisamente en lo biográfico. Y en Hispanoamérica son de obligatoria mención en lo crítico los estudios de Gabriela Mistral y de Enrique Anderson Imbert entre otros, así como el muy apasionado ideológicamente de Ezequiel Martínez Estrada de 1966.

Y he dejado para el final, deliberadamente, un libro singular. Está escrito por una norteamericana de gran sensibilidad que estaba casada con Luis Baralt Peoli. Ambos fueron amigos íntimos de Martí durante sus años de residencia en Nueva York. Acrisolando sus vivencias, Blanche Zacharie de Baralt escribió años después el libro titulado *El Martí que yo conocí*, publicado en la Habana en 1945. En sus páginas transparece con sencillez y encanto el hombre de todos los días que fue Martí: humano, tierno, sencillo, generoso, encantador. Hay que leer estas páginas para comprobarlo.

Hasta aquí he hecho un recuento lo más sintético posible de lo que se ha escrito sobre la vida de este hombre. Hay demasiados datos y títulos tal vez. Pero creí mi deber orientar en el estudio de esta figura cuya importancia crece en las letras hispanas pues muchas de sus ideas —como ocurre con todo lo que deviene en clásico— son cantera para pensar, para meditar profundamente y para estimular la propia creación.

Y si alguien me preguntase cuál de las tres biografías detalladas debía leerse, respondería categóricamente que las tres, pues ellas completan la imagen del hombre excepcional que fue José Martí.

Nada más ahora. Muchas gracias.

Nueva York, 25 de abril de 1995

NOTAS

1.-Mathie Benézet.-*Biographies*, Ed. Gallimard, Paris, 1970, p.13.

2.-José Martí.-*Obras Completas*, Edición del Cincuentenario de su muerte. Editorial Lex, 2 tomos de más de 2,000 páginas cada uno. Tomo I, p.1053.-La Habana, 1946.
3.-José Martí.-*Cartas a una niña*. Edición facsimilar, La Habana, 1941.
4.-Félix Lizaso.-*Espistolario de José Martí*, Introducción, p.XIII. Colección Libros Cubanos, Cultural, S.A. La Habana, 1930.
5.- Carlos Márquez Sterling.-*Martí, Ciudadano de América*, New York, 1965, p.154.
6.-Alberto Baeza Flores.-*El Hombre de la Rosa Blanca (Nueva biografía de José Martí)*, Ediciones Epoca y Ser, Costa Rica, 1976, p.14.

Biografías y libros sobre Martí que se recomiendan

1.-Jorge MAÑACH.-*Martí, el Apóstol*. Espasa Calpe, S.A. Primera Edición, Madrid, 1933. Hay una sexta edición de 1975. De esta biografía hay una excelente traducción al inglés cuya ficha bibliográfica es: Jorge MAÑACH.-*Martí, Apostle of Freedom*. Translated by Coley Taylor with Preface of Gabriela Mistral. Published by The Devin Adair Co. New York, 1950.
2.-Félix LIZASO.-*Martí, Místico del Deber*.-Editorial Losada, S.A. Buenos Aires, 1940.
3.-Luis Rodríguez Embil.-*Martí, el Santo de América*. La Habana, 1941.
4.-Raúl García Martí.-*Martí (Biografía familiar)*, Cárdenas y Cía. La Habana, 1938.
5.-Carlos Márquez-Sterling.-*Martí. Ciudadano de América*, New York, 1965.
6.-*Martí visto por sus contemporáneos*.-Selección y prólogo de Antonio Calatayud, Mnemosine Publishing Co. Miami, Florida, 1976.

7.-Mauricio Magdaleno.-*José Martí (Fulgor de Martí)*, Ediciones Botas, México, 1941.
8.-Alberto Baeza Flores.-*El Hombre de la Rosa Blanca*.-Ediciones Epoca y Ser, Costa Rica, 1976.
9.-Ezequiel Martínez Estrada.-*Martí, el héroe y su acción revolucionaria*. Cuarta edición, México, 1975.

Es importante, además, consultar los libros de Andrés Iduarte, y otros citados en el texto, además de los numerosos y bien documentados estudios de Carlos Ripoll así como los trabajos de interpretación crítica de José Olivio Jiménez, Iván Schulman y el libro *Martí en España* de Emilio Roig de Leuchsenring, entre otros. Y, tal vez, sea de interés el pequeño libro titulado *Estudios sobre Martí* por Rosario Rexach.

(Publicado originalmente en las *Actas del XII Congreso de la Asociación Internacional de Hispanistas*, Vol. 2, Págs. 233-239)

EL PERIODISTA QUE FUE JOSÉ MARTÍ: CÓMO SE GESTÓ

Se ha dicho que fue José Martí el periodista en lengua española más leído y conocido, especialmente en América, durante el último cuarto del siglo XIX. Parece haber sido así. Y la prueba está en la larga lista de periódicos en que colaboró desde 1880 y quedan descontados los trabajos anteriores que aparecieron inicialmente en su Cuba nativa y luego durante su primer destierro en España y su colaboración asidua –muy al principio de su agitada vida– en la *Revista Universal* de México y otros periódicos de dicho país. En nota aparte aparece la lista de esos periódicos. Es realmente impresionante. Frente al hecho se impone el análisis. Y lo primero a preguntarse es qué significa ser periodista. Hay que afinar el juicio para percibir en toda su magnitud lo que el vocablo expresa. Por supuesto, todos saben –y el nombre lo dice claramente– que es la profesión que da cuenta de lo que ocurre. Pero en este dar cuenta hay muchos matices y vertientes. Se puede simplemente referir un hecho. Y también deformarlo al relatarlo. Se puede, con buen juicio, elaborar teorías sobre el suceso. Y, también, ampliar el círculo de intereses de todo tipo de lector, ampliación que alguna vez puede ser sana, y otras –muy frecuentemente– viciada por la pasión o los intereses de grupo. En fin, ser periodista es una tarea que genera gran influencia en la comunidad en que se ejerce por cuanto ayuda a conformar opiniones, a exaltar o controlar pasiones, a ampliar el radio de intereses. Es el periodista, pues, algo así como un poder político –el cuarto poder se le ha llamado– sin necesidad de elección o designación. De ahí que en toda comunidad, sea cual fuese, haya diversos órganos de opinión que responden a las disímiles concepciones sobre la vida.

Si esto es así, cabe preguntarse cuál fue el tipo de periodismo que ejerció José Martí. Y ya aquí aflora el problema de su gestación. Pues para ser periodista hay que poseer varias condiciones ineludibles. La primera —aun en los peores casos— es la fe en la palabra humana y la necesidad de decirla que a veces se torna obsesiva. En Martí, esta fe se reveló muy tempranamente. Prueba de ello es la primera carta que de él se conoce escrita a su madre cuando apenas cuenta nueve años. Ya entonces tiene noción de su dominio de la palabra y de que puede dirigir, pues le dice que está enseñando a su caballo para que marche bonito. Pero esa fe en la palabra cala más hondo cuando —ya adolescente— entusiasmado con las luchas por la libertad que dirige Céspedes, colabora muy activamente en un intento periodístico —*El Diablo Cojuelo*— junto a su amigo de siempre, Fermín Valdés Domínguez. Por cierto que en esta colaboración usa, lo cual no es frecuente en él, de un refinado y agudo sentido del humor. Pero en esta muestra va a exhibir ya algo sustantivo en su hacer en la prensa. La responsabilidad moral que se contrae al escribir para el público. O dicho en otras palabras, el periodismo es misión. Muchos años más tarde, en 1883, escribiendo para *La Nación* de Buenos Aires, dirá:

> Le prensa no puede ser, en estos tiempos de creación, mero vehículo de noticias, ni mera sierva de intereses, ni mero desahogo a la exuberante y hojosa imaginación. La prensa es... creadora del nuevo templo magno e invisible, del que es el hombre puro y trabajador el bravo sacerdote. (1)

De ahí que para Martí ser periodista conlleve un código de ética del que forman parte estos supuestos: estudio serio de lo que se va a informar, elevación del espíritu humano a través del respeto a los valores más altos, necesidad de alumbrar nuevos temas que amplíen en lo posible el radio vital de los lectores, cuidado de la lengua que se usa, repudio del crimen, presentación de modelos humanos en que los hombres se puedan inspirar, revelación de la vida en sus múltiples facetas. En fin, todo un programa tendiente a la elevación de la dignidad del hombre a través de la información responsable y de la meditación seria sobre los problemas que se plantean, pero sin rehuir la gracia de expresión y sin aburrir o cansar al lector. Por lo que dice alguna vez: "La originalidad del lenguaje ha de venir de la originalidad de la idea, y la elegancia está en el ajuste de la palabra a lo que se quiere decir." (2). Lo que de algún modo reitera en un envío a *La Nación* en 1886 cuando escribe:

> En estas cartas decimos los hechos, no su osamenta ponderosa, sino su jugo: de modo que cuando razonamos, vamos contando, pero en tal manera que el cúmulo de sucesos no fatigue, y reciba el lector... el beneficio mental y la experiencia que sacaría de presenciarlos. (3)

Y lo sorprendente es que en 1879, cuando apenas ha cumplido veintidós años, escriba en la *Revista Universal*: "La prensa no es aprobación bondadosa o ira insultante; es proposición, estudio, examen y consejo."(4)

Habrá quien crea que esto era posible solo porque Martí era genial. Sin duda, suprimiendo el énfasis, era excepcional. Pero ¡cuidado! la excepcionalidad que desde muy temprano en él se manifestó fue producto, además, de otros factores y no únicamente de sus dotes naturales. Entre ellos, de las dificultades con que tuvo que lidiar así como los muchos sufrimientos por los que hubo de pasar. Él mismo tuvo conciencia de cómo ayudan las difíciles circunstancias a madurar y a ser. De ahí que hablando de Longfellow afirmase: "El hombre necesita sufrir... Purifican y preparan los dolores." (5) Y en otra ocasión afirmó: "Mueren en palacios reales hombres que nacen en cabañas, o bajo aleros de tejados… ¡Mejor nodriza es la dificultad que cría a estos hombres." (6)

Mas no es hora de narrar su vida. Los que la conocen saben cuánto tuvo que padecer para llegar a ser quien fue. Aun resuenan en mí las frases que publicó en *La Soberanía Nacional* de Cádiz en 1871 cuando dijo: "Todavía vibran en mis oídos los golpes del martillo que remachó mis cadenas."(7). Pero ese sufrimiento físico apenas fue nada en comparación con las heridas morales que se le infligieron a lo largo de su existencia. La envidia que despierta siempre el que se destaca, la calumnia y –en muchos casos– la traición abierta, ocasionalmente lo cercaron. Y en forma insistente, la pobreza, pues era hombre sin la facultad de saber venderse. Pero estas dificultades fueron para él más estímulo que agentes de paralización. Así, por la lealtad a sus principios, fue un desterrado de por vida que sólo pudo arraigar libremente en Nueva York durante los últimos años de su existencia. Para otros ese destierro prolongado hubiera sido mortal. No para su alma bien templada en las penas de todo tipo. Y porque sufrió ese destierro, su experiencia humana se amplió y enriqueció. Conoció otros pueblos: el español, el mexicano, el guatemalteco, el venezolano y, finalmente, el norteamericano. Tuvo así contacto con el idioma español en diversas regiones, pues aunque fuese la misma la lengua no lo era el alma a la que daba expresión. Y, además, en esa ciudad exuberante que es Nueva York, perfeccionó su deficiente dominio del inglés. Fue pues, el destierro, un agente de cultura. Académicamente en España por sus estudios en Madrid y Zaragoza donde, además de su formación profesional, estudió otros idiomas; griego, latín, algo de árabe y hasta de la lengua hebrea, además de perfeccionar su francés que había estudiado en Cuba. Todo lo cual, como es lógico, no sólo disciplinó su mente sino que lo obligaron a meditar y a pensar mucho. Y en Madrid hay que recordar sus visitas a los museos, a los teatros y a ese tesoro bibliográfico, que aun existe, que es el Ateneo. Sólo los que han visitado sus salas y consultado sus periódicos pueden darse real cuenta de ello. Y, ya en Nueva York, en esa ciudad monumental y rica que comenzaba a rivalizar y aún superar a París en apetencias culturales, tuvo acceso al sinnúmero de periódicos, revistas y magazines que en ella se recibían, a los sucesos culturales más variados, desde un Congreso de Antropología, un gran espectáculo teatral o musical, hasta una Conferencia Monetaria Internacional o a diversas reuniones de tipo técnico, científico o industrial, así como ser testigo de acontecimientos notables, tales la construcción del Puente de Brooklyn o de la Estatua de la Libertad. También ser testigo de hechos singulares, como elecciones presidenciales con gran aparato de luchas y propaganda; o entierros famosos como el del General Grant o el del chino Li In Du, amante de la libertad por cuya causa se radicó en este país, y que le dio motivo para una crónica inolvidable por su valor cívico y humano. Y, ¡cómo no!, ponerse en contacto físico o intelectual con figuras eminentes de la cultura anglosajona. Recuérdense sus estudios sobre Oscar Wilde, Emerson, Longfellow, Peter Cooper, Samuel Tilden —el gran benefactor de la Biblioteca Pública de Nueva York— o Louise May Alcott, entre otros. Y no deben olvidarse sus visitas a los museos y galerías de pintura, especialmente la que hizo al Museo Metropolitano para la exhibición de los pintores impresionistas que le inspiró una crónica de gran maestría no sólo por sus aciertos críticos sino por ser de las primeras en reconocer el valor de esa nueva técnica pictórica. Mas, no sólo en lo cultural o político dio Nueva York alimento a la curiosidad ilimitada de Martí, también su clima aunque, a veces, abominase de él. Pues no debe olvidarse —y solamente los incapaces de agradecer no lo ven— que esta ciudad ofrecía al proscrito cada año la presencia diferenciada de las cuatro estaciones con los diversos estilos de vida que promovía así como los diferentes paisajes. Bien recuerdo cómo, alguna vez evocando la primavera, crea el prosista una pequeña novela –así la titula– sobre las oropéndolas. Y es que –no se olvide– para Martí la vida, toda la vida, tenía un especial interés. Y sólo de conocerla en su plenitud podía realizar el hombre su misión. Y eso lo transfirió a su labor periodística. Por ello alguna vez escribió:

> Usted me ha de perdonar que no le cite libros, no porque no lea yo uno que otro, que es aun más de lo que deseo, sino porque el libro que más me interesa es el de la vida, que es también el más difícil de leer y el que más se ha de consultar en todo lo que se refiere a la política, que al fin y al cabo es el arte de asegurar al hombre el goce de sus facultades generales en el bienestar de la existencia.(8)

Pero todavía otra fuente de conocimientos le ha de ofrecer Nueva York en su largo destierro, obsesionado por su pasión cubana. Y fue el de poder convivir en buena amistad con muchos hispanoamericanos. De esa convivencia no sólo nació y se desarrolló un más profundo saber de lo que él llamó con muy buen juicio "Nuestra América", y alguna vez "Madre América", sino que propició un vivo interés en familiarizarse con su cultura, con sus libros y sus héroes. Y esto al punto de percatarse de la necesidad de estimular en la ciudad en que habitaba, de diferente lengua, el conocimiento de dichas valores. De ahí nació la famosa Sociedad Literaria Hispanoamericana que se reunía regularmente en sus sesiones de importancia en el famoso restaurante "Delmónico" que ha existido hasta muy recientemente en una conocida esquina de Wall Street.

Con todos los factores que he esbozado se fue forjando ese periodista excepcional que fue José Martí. Pero queda aún por destacar uno que apenas he señalado. Ese factor fue la pobreza. Muy al principio de su vida adulta, cuando apenas tiene veinte años, llega a México para subvenir a las necesidades de sus padres y hermanas, lo que creía su deber. Ya había terminado su carrera de abogado pero no tenía el título que por escaseces económicas no había podido sufragar. Además, era un desterrado político y tenía que vivir en un país que mantenía relaciones con España. Sólo, pues, había dos posibilidades. O escribir o ser profesor. No fue necesaria la elección, cerca de su familia y en relaciones de amistad por ser convecinos, residía Don Manuel Mercado, hombre culto, liberal y con bastante influencia. Pronto calibró el buen mexicano las cualidades que adornaban al recién-llegado. Posiblemente se sintió atraído por su palabra fácil, por su amplia cultura, por sus maneras y, con seguridad, por su encanto personal. Por ello no tuvo reparos en recomendarlo a la *Revista Universal* donde compartiría las tareas de boletinista así como otras. Y se le asignó el seudónimo de Orestes –¿o él lo seleccionó?– no se sabe. Y pronto se percataron los lectores, especialmente los intelectuales, de que el nuevo colaborador de la revista era excepcional. No sólo por su inteligencia y madurez de juicio, sino también por su prosa y por su delicadeza y tacto al opinar sobre temas que no eran los de su patria natal. Así comenzó a hacerse un nombre y el periodista del que tanto se ha escrito. Pero no sólo en la *Revista Universal* publicaría. Alguna que otra vez aparecería algo en *El Federalista*. Pero la política mexicana se agriaba. Las elecciones presidenciales dejaban fuera del poder al Presidente liberal Lerdo de Tejada. Con el ganador ya las cosas serían diferentes. Esto lo vio muy bien Martí que nunca supo vender su pluma y decidió irse a Guatemala. Enamorado ya de la letra de molde soñó allí con publicar una revista. Nunca se materializó el proyecto. Pues, en oposición a lo ocurrido en México, la tarea que se le ofreció por un admirador cubano, Don José María Izaguirre, fundador y Director de la Escuela Normal, fue la de profesor. Su éxito en ella no es para ser dicho ahora. Pero su palabra fácil y su cultura pronto le ganaron el sobrenombre de Dr. Torrente. Y tuvo el aprecio de lo mejor de la sociedad culta de Guatemala. Pero, una vez más, los hados se conjuraron para marcarle otros rumbos. El Presidente, quizás celoso del influjo de los dos cubanos, cesanteó a Izaguirre. Martí creyó su deber renunciar frente a la arbitrariedad, pese a las protestas de su esposa con la que hacía poco se había casado. Y quien, al no poder convencerlo, lo urgía a regresar a Cuba, pues la Guerra del 68 había terminado y ya él estaba amnistiado. Con grandes dudas regresó. Pero pronto, pues su ideal libertario siempre estuvo vivo, comenzó a conspirar y, descubierto, confrontó el segundo destierro. Era en 1879. Nuevas dificultades. Había dejado en Cuba a su mujer y a su hijo que aun no tenía un año, y con quienes sueña de continuo. Y no ve, ya en Madrid, otra salida que irse a tierra libre. Lo más asequible en sus preocupaciones es entonces Nueva York. Y en los primeros días de 1880 arriba a dicha metrópoli. La pobreza nuevamente lo cerca. Necesita trabajar urgentemente. Un compatriota que vive en la misma casa de huéspedes que él lo recomienda para escribir las reseñas de exposiciones. Así se inicia, con su pobre inglés, en las labores periodísticas en Nueva York. Es en *The Hour*, pero otro periódico, también en inglés, luego de leerlo, lo invita a colaborar. El "diarista" —como alguna vez él lo llama— es Charles Dana. El periódico es *The Sun*. Pero las dificultades no cejan. Tiene serios problemas familiares. Intentando resolverlos decide irse a Venezuela, donde ya cuenta con algunos amigos que ha conocido en Nueva York. Allí sí puede, inicialmente, realizar su sueño, fundar la *Revista Venezolana*. Y también se incorpora al periodismo colaborando en *La Opinión Nacional*. Es en 1881. Mas, su estricto código ético le impide someterse a los dictados del Presidente, casi un dictador, Guzmán Blanco, que aspira a que escriba elogiosamente sobre él como lo ha hecho ya con su enemigo Don Cecilio Acosta. Como el escritor es incapaz de venderse no tiene otra salida que el regreso a Nueva York, donde llega todavía con su contrato con *La Opinión Nacional* que le pide que firme sus colaboraciones con estas letras M. de Z. Por supuesto, la identidad se hace evidente. Las dificultades del periódico se multiplican y le sugieren restricciones en sus envíos. Martí comprende. Pero para entonces ya su nombre es bien conocido y apreciado en Hispanoamérica. Y de Buenos Aires le llega la gran honra. Don Bartolomé Mitre y Vedia, Director de *La Nación* de Buenos Aires, al tanto de su excelencia y del interés de sus informaciones, lo invita a colaborar en su diario con plenas libertades. Y es ahí donde acabó de madurar el gran periodista, el que elogian Sarmiento y Rubén Darío desde la capital argentina, lo mismo que José Asunción Silva desde Colombia y muchos más. Ya tiene entonces el cubano renombre continental. Sus colaboraciones son en la mayoría de los casos verdaderas crónicas que revelan un estilo nuevo en la prosa así como una riqueza en los temas sorprendente. De todo se trata en ellas. De acontecimientos notables, semblanzas sobre personalidades famosas, información detallada sobre hechos científicos o culturales, descripción de aspectos de la vida norteamericana, relatos sobre grandes fenómenos naturales –recuérdese su crónica sobre el terremoto de Charleston que le ha merecido a José Olivio Jiménez un excelente ensayo. También muchos aspectos de la vida norteamericana son comentados, de modo positivo muchas veces. En algunos, con signo negativo, pero no tantos como se suele afirmar. La política, su interés básico por cuanto lo acucia el problema de Cuba, también le merece sendas y bien meditadas crónicas. La prosa en que están escritas adquiere en muchos casos un matiz poético, además de engendrar un nuevo estilo que muchos tratarán de imitar. Ello determina que muchas de estas colaboraciones aparezcan en otros periódicos de Hispanoamérica: Honduras, Montevideo, Bogotá, Panamá y aun en la Habana. Su fama está consagrada. Y México le vuelve a abrir sus puertas y colabora en *El Partido Liberal*. En los Estados Unidos es figura principal en el periódico *La América* y en *El Economista Americano*, así como en otros desde la década de las 80. Pero estos triunfos no alejan a Martí de su misión fundamental, la que ha guiado todos sus pasos desde los inicios, la lucha por la independencia de Cuba a la que entregaría su vida hizo ahora cien años. Y, otra vez, es el periódico una de sus vías para lograrlo. Así nace el periódico PATRIA el 14 de marzo de 1892. Y a él se dedicará con empeño hasta sus últimos días. En Nueva York escribe su última colaboración el 26 de enero de 1895, pocos días antes de marcharse a la guerra. Y desde fuera no deja de mandar alguna información y siempre, como es habitual en él, sus consejos. Porque, como ya se ha dicho, Martí asigna al periodismo un valor misionero, lo que tan pronto como en 1876 había escrito al guatemalteco Joaquín Macal, Ministro de Relaciones Exteriores:

> Mi oficio, cariñoso amigo mío, es cantar todo lo bello, encender el entusiasmo por todo lo noble, admirar y hacer admirar todo lo grande... Amo el periódico como misión. (9)

Eso hizo siempre. Pues toda su vida respondió Martí en su periodismo a los principios que se había trazado y que muy claramente expuso en lo que sigue:

> No es el oficio de la prensa periódica informar ligera y frívolamente sobre los hechos que acaecen, o censurarlos con mayor suma de afectos o adhesión. Toca a la prensa encaminar, explicar, enseñar, guiar, dirigir; tócale examinar los conflictos, no irritarlos

con un juicio apasionado; no encarnizarlos con un alarde de adhesión tal vez extemporánea, tócale proponer soluciones, madurarlas y hacerlas fáciles.(10)

La fidelidad a esos postulados lo consagró como el gran periodista que se recuerda. Y en este mundo caótico de hoy es buena ocasión para revitalizar su credo y así rendirle el mejor homenaje, el que él más hubiera querido.

Muchas gracias.

Nueva York, 23 de octubre de 1995

NOTAS

1-José Martí.-OBRAS COMPLETAS, 27 tomos, La Habana, Cuba, 1975. Tomo 5, pag. 26. (Se aclara que todas las citas se harán de esta edición, indicándose así: T..., p...)
2-Id, T. 12, p. 505
3-Id, T·10, p. 414
4-Id., T. 6, p. 263
5-Id. T. 13, p. 227
6-Id, T. 9, p. 367
7-Id, T. 4, p. 351
8-Id, T. 21, p. 386
9-Id, T. 7, p. 97
10-Id, T, 6, p. 263

LISTA DE PERIÓDICOS EN QUE APARECIERON ARTÍCULOS DE JOSÉ MARTÍ.

1-*La Patria Libre*, La Habana, 1668
2-*La Soberanía Nacional*, Cádiz
3-*El Jurado Federal*, Madrid, 1871
4-*La Cuestión Cubana*, Sevilla, 1873
5-*El Progreso*, Guatemala
6-*Revista Universal*, México
7-*El Federalista*, México
8-*La Pluma*, Bogotá
9-*La Opinión Nacional*, Caracas
10-*Revista Venezolana*, Caracas
11-*La Nación*, Buenos Aires
12-*La América*, Nueva York
13-*The Hour*, Nueva York
14-*The Sun*, Nueva York
14-*El Economista Americano*, Nueva York
16-*La Estrella de Panamá*, Panamá
17-*La República*, Honduras
18-*La Lucha*, La Habana
19-*El Almendares*, La Habana
20-*El Avisador Cubano*, Nueva York
21-*El Progreso*, Nueva York
22-*La Ofrenda de Oro*, Nueva York
23-*La Juventud*, Nueva York
24-*El Avisador Hispano-Americano*, Nueva York
25-*El Porvenir*, Nueva York
26-*La Revista Ilustrada*, Nueva York
27-*El Sudamericano*, Buenos Aires

28-*La Opinión Pública*, Montevideo
29-*El Partido Liberal*, México
30-*La Igualdad*, La Habana
31-*Patria*, Nueva York

Advertencia.- Es posible que esta lista no esté completa, pues muchos de sus trabajos se reproducían y no hay un índice que conozca de todos ellos. Hay que indagar más en el tema.

(Publicado originalmente en *Círculo: Revista de Cultura*. Vol. XXV, 1996. Págs. 169-176.)

RESEÑA DEL LIBRO *THE COLUMBUS' GALLERY* DE NÉSTOR PONCE DE LEÓN, POR JOSÉ MARTÍ, EN *PATRIA*, 1893

(Trabajo leído en Columbia University, Nueva York, en el atoño de 1995, en un acto de homenaje a José Martí organizado por la Academia Norteamericana de la Lengua Española)

En 1892, cuando el cuarto centenario del Descubrimiento de América, se celebraron en todo el mundo de Occidente múltiples actividades de recordación: monografías sobre el hecho y su líder, inauguración de estatuas y monumentos, acuñación de monedas, exhibiciones de cuadros y pinturas. Nueva York, por supuesto, no estuvo al margen de dichas celebraciones. Prueba de ello, y de gran valor, es el obelisco al Almirante que aún se puede admirar en lo que hoy se llama "Columbus Circle" en la Octava Avenida y Central Park West. Y, en sitio preferencial, hay que destacar el homenaje que le rindió al Descubridor la American Geographical Society cuyo Presidente, Charles P. Daly, tuvo a su cargo el discurso publicado en el Journal de dicha sociedad. No se tome esto como un dato insustancial, pues Mr. Daly fue un admirador del Descubridor, además de ser académicamente hombre de relevantes méritos, un verdadero "scholar", como se dice en lengua inglesa. Pues bien, la colonia cubana en Nueva York no permaneció indiferente a la celebración. Y uno de sus más distinguidos representantes, Néstor Ponce de León, se impuso la tarea de una digna prueba de reconocimiento. De esa inspiración nació su singular libro, escrito en inglés –y desgraciadamente no traducido– que se titula *The Columbus' Gallery*, título que nace del contenido de la obra en que se mencionan con abundancia de datos y equilibrados juicios las representaciones del singular acontecimiento tal y como aparecen en retratos, monumentos, estatuas, medallas y pinturas. Lo que implica –como fácilmente se imaginará– un libro con abundancia de ilustraciones, primorosamente impreso, en excelente papel, que todavía puede consultarse en la Biblioteca Pública de Nueva York.

Sorprenderá a muchos la envergadura de esta obra. Pero la sorpresa adquiere sus justos niveles cuando se sabe que Néstor Ponce de León no era un improvisado en el campo de la cultura. Nacido en familia acomodada, en un ingenio de la provincia de Matanzas (Cuba) en 1837, mostró desde muy temprano su interés por el estudio. Se hizo abogado y con un bufete de fama en la Habana era un apasionado lector, y tanto le interesaban los libros, que en la propia Habana se hizo condueño de dos librerías, una en la calle Obispo y otra en la de O'Reilly. Pero este exitoso abogado tenía ideas muy liberales. De ahí que cuando estalla la primera guerra de independencia de Cuba en 1868 –la llamada Guerra de los Diez Años– bajo el liderazgo del también abogado, Carlos Manuel de Céspedes, él no pudiera ocultar sus simpatías por el movimiento. Finalmente, esto lo condujo a un voluntario exilio en Nueva York, al principio de iniciarse los años setenta. Y pronto su real devoción le hizo ver que su mejor opción entonces era el negocio de libros, por lo que abrió una librería llena de ricos ejemplares en la calle Broadway 40. Añádase a esto que estaba casado desde hacía muchos años (desde 1857) con la hija del reconocido bibliógrafo cubano Antonio Bachiller y Morales. Y el matrimonio tenía como una de sus básicas aficiones el coleccionar medallas. En el exilio, Ponce ayudó a la causa cubana desde muchos ángulos.

La relación con Martí se fragua muy lentamente. Pues no debe olvidarse que había diecisiete años de diferencia entre ellos. El primer contacto entre los dos lo intenta el Apóstol cubano en una carta que le dirige desde Madrid en 1873 cuando, al tanto del éxito de Ponce como librero en Nueva York, le remite cien ejemplares de los folletos que contienen el alegato de Martí a la República Española reclamando para Cuba los mismos derechos que la primera República Española exalta. Cuando el héroe cubano se establece en Nueva York a principios de 1880, los contactos se hacen más frecuentes pero tardan en anudarse con lazos más estrechos. Sin embargo, ya a mediados de los años ochenta se percibe que se ha establecido una buena amistad entre ellos. lo que explica que al fundar Martí la Sociedad Literaria Hispanoamericana tenga como compañeros en la idea promotora a Ponce de León y a Santiago Pérez Triana. Y como se acerca la ceremonia del cuarto centenario del Descubrimiento, Ponce de León escribe en 1891 una pequeña monografía o estudio titulado "Los precursores de Colón" que Martí reseña en *El Economista Americano* con un bien meditado elogio. Ponce se siente muy obligado por ello. De ahí que al salir su primorosa obra en los primeros meses de 1893, Martí reciba en la dirección de *Patria* el libro, casi inmediatamente después de su publicación, y se interese por la obra con una pasión de buena índole. Y esto se colige porque el libro va precedido por una Introducción de Charles P. Daly, ya mencionado, fechada en marzo 29 de 1893.

Martí se hace eco de dicha distinción, lee cuidadosamente el libro y se dedica a la tarea de escribir una breve reseña de la obra que se publica tan pronto como el 16 de abril de ese año 93.

Por supuesto, y acorde con sus sentimientos, lo primero que destaca la reseña es la cubanía de su autor, que llena de orgullo a su compatriota quien escribe:

> La patria está hecha del mérito de sus hijos, y es riqueza de ella cuanto bueno haga un hijo suyo, sobre todo si trabaja en lo que ya han trillado otros, y lo de él resulta más útil y completo que lo de sus predecesores. (1)

Para añadir después:

Ni en inglés, ni en lengua alguna, hay obra tan juiciosa e imparcial sobre los retratos colombinos, y monumentos y pinturas del descubrimiento como la Galería de Colón, nutrida de historia y chispeante personalidad. (2)

Pasa luego el reseñador a enumerar las partes en que se divide el texto y destaca la primera parte como la más interesante. Es la que se refiere a los retratos de Colón. Y escribe el comentarista:

...de cuantos ha distribuido Ponce de León en los tres grupos de su libro, –los de originalidad probable, los de medallas, estatuas y cuadros conforme a las descripciones impresas del Descubridor, y los imaginarios– lo más que puede decirse en pro del mejor de ellos es que se acomoda a la pintura que hacen de Colón los tres libros fidedignos de su época. (3)

Pasa revista la reseña a la serenidad que preside los juicios llenos de anotaciones esclarecedoras del autor y libres de toda pasión, pues como Martí señala: "El libro entero de Ponce de León se mueve sobre esta clave, sin tomar por cierto lo que halaga sus simpatías y por falso lo que las ataca, sino ciñéndose a la prueba estricta, grata o no..." Para afirmar después esto: "Lo personal es lo que ha de celebrarse en los libros sobre Colón; y la autoridad de quien lo estudió... y el juicio humano y fresco sobre aquella vida terca y ambiciosa." (4)

Lo que de alguna manera coincide con lo que había escrito Charles P. Daly en la Introducción al decir de la obra:

I feel myself better able than many others would be to form an opinion of the value and extent of Mr. Ponce de León's labor in this difficult field of inquiry... He has in my opinion, ascertained everything that is now within the reach of the most diligent scholar. He is an accomplished linguist and has had the advantage of being able to read the works consulted in the language in which they were written. (5)

La reseña continúa refiriéndose a las tres partes en que se divide la obra. En la primera se discuten con profusión de datos y juicios muy bien sustanciados los retratos de Colón desde los que parecen de más indudable autenticidad hasta los que son producto de la imaginación. Así sabemos por Oviedo, que lo conoció en vida, que el Almirante

...fue más alto que mediano, de miembros recios y vigorosos, de ojos brillantes y bien proporcionados al resto de la faz, muy rojo el pelo y la cara rojiza y pecosa; y amable cuando quería, e iracundo cuando la pasión lo levantaba. (6)

Otro dato interesantísimo en la reseña con respecto a los retratos del Descubridor, es la importancia que el libro concede al retrato que hay en la Biblioteca Real de Madrid y que se debe a Antonio del Rincón, a quien la obra reputa como el creador de la escuela de pintura española. Y que pudiera haber sido tomado del natural aunque no hay pruebas convincentes sobre ello. Y en el libro se publica una excelente reproducción de este retrato.

Después y con prisa se va a referir Martí a las otras partes del libro. En la que se refiere a los monumentos, escribe:

En los Estados Unidos no hay tributos a Colón, sea la mansa estatua de Filadelfia, o la burda de Washington, o el bello "Colón niño", que compita con el airoso monumento, hijo de Barcelona, en que paisanos de Nueva York celebran el genovés burlado primero, amenazado en el viaje, encadenado luego, tan generoso siempre como oprimido. (7)

Y en esta parte el reseñador se esmera en dar cuenta de los monumentos que se le habían erigido en Cuba, "la más ensangrentada e infeliz de las tierras". El tiempo no permite extenderse en esta relación minuciosa que hace el Apóstol de las conmemoraciones en Cuba u otros lugares no sólo de Europa sino de la América Hispana. Pues con prisa –como ya se ha dicho– fue escrita esta reseña. "Llega a Patria el libro suntuoso en momentos en que va el periódico a la prensa, y ni de paso siquiera cabe hablar del grupo segundo." (8) Ni del tercero, añado yo. Por lo que la reseña ha de terminarse, pero no sin establecer conclusiones sobre el libro recibido. De esas palabras finales destaco estas en que transparece el sentido filosófico que exhibe Martí en cuanto escribe. Dicen así:

> Museo copioso y causa de pensamiento sobre la variedad y grandeza de la vida, es la muy rica parte de la obra que en láminas excelentes, y con texto ameno e imparcial, enumera los monumentos principales... (8)

La reseña termina con el juicio encomiástico que la obra merece. El comentador dice:

> Con la *Galería de Colón*, libro único en la literatura americana, y más rico acaso en datos y láminas que las mejores publicaciones centenarias [por el Centenario del Descubrimiento] de Italia misma, ha enseñado Ponce de León, cuerdo y paciente, cómo se pue-

de realzar con el juicio fiel y vivo... un tema de erudición traído y llevado... Ornato de librerías, depósito de consejos y hora amena es este acopio crítico de las imágenes del italiano.

Y se fecha el trabajo así: PATRIA, 16 de abril de 1893.

Hasta aquí la reseña, sin duda precipitada e incompleta del libro de Ponce de León sobre Cristóbal Colón y sus representaciones. Literariamente resalta la falta de elaboración estilística y cierta desorganización en el contenido. Hay que pensar en la prisa. Sin embargo, da idea la reseña a los cubanos e hispanoamericanos que no hablaban inglés de la importancia del cuarto centenario destacando a su figura fundamental, Don Cristóbal Colón. Y más se destaca el hecho cuando se sabe que el libro fue escrito en inglés, y que en la reseña parece que hubiera sido escrito en español. Académicamente hablando esto es una grave falta. No, si se considera que para Martí el periódico, especialmente PATRIA, era sólo un vehículo para informar y educar, y había que ponerlo al alcance de todos los lectores. Pues él insistió siempre en el periodismo como misión. Pero no sólo a los lectores ayudó Martí con esta reseña. A muchos otros también. En primer lugar a mí, que de no ser por él, nunca hubiera consultado este libro. Al fin, como dijo Rubén Darío, era un Maestro. Nada más. Muchas gracias.

SIGNIFICACIÓN Y PREMONICIÓN DE LA MUERTE EN JOSÉ MARTÍ

Sintió –desde siempre– Martí una particular apreciación de la Muerte, así con mayúscula, pues de este modo se habrá de referir siempre a ella. Y es éste el primer síntoma de su reverencia por lo que Casona llamó "La Dama del Alba". Esa reverencia y, casi amor, revelada desde muy joven debe tener una explicación. Difícil, si no imposible, dar con ella. Pero es probable que nazca de su peculiar tipo humano. Pues, en mi opinión, y en la de muchos que lo han leído acabadamente y bien, encarnaba Martí eso que Spranger en un libro largamente olvidado, *Formas de Vida*, llamó el "homo religiosus". Y precisamente de esa estructura es de donde dimana el alto sentido del deber que tuvo muy desde niño. Y también su vocación de servicio, su darse a las causas pequeñas o grandes que sentía como justas dentro de sí, en la intimidad de su conciencia. Pues no debe olvidarse que cuando se descubre la carta acusatoria a su compañero que ha sido desleal a la causa de la Libertad y de la que se hacen responsables él y su amigo Fermín Valdés Domínguez ante el tribunal que los juzga, Martí, que no tiene más que 16 años, insiste en su culpabilidad tratando de eximir a su amigo. Era cierto, por supuesto. Pero también lo es –y no debe olvidarse– que la mayoría de los adolescentes en situación similar, habrían optado por una justificación de otro tipo que los liberara del seguro castigo. Así se explica que fuese condenado a seis años de presidio en tanto que a su compañero se le condena sólo a seis meses. El hecho no es baladí, pues prueba hasta qué punto sentía aquel espíritu la llamada del deber y hasta qué punto se sintió siempre vocado al sacrificio por lo justo, rasgo típico de todo temperamento religioso. Por eso, cuando indultado, llega a España poco después, considera como perentoria la tarea de denunciar los males que ha visto y sufrido en propia carne en presidio. Y escribe ese famoso alegato que no debe dejar de leer ningún alma que viva en este siglo en el que —en nombre de pretendidas bienandanzas— se reeditan en todos los bandos excesos y atrocidades similares, reveladores de la crueldad que puede anidar en el ser humano. En ese panfleto que es *El Presidio Político en Cuba* aparece ya esa entrega a valores más altos que los de la pura vida material. Y el nombre de Dios resalta con inusitada frecuencia en sus páginas. Por esa vía se descubre ya que Martí tenía en su intimidad un hondo sentido de la trascendencia y, por tanto, de una fe en otra vida. No es un artículo breve —como éste debe ser— el lugar para llenar de citas comprobatorias lo que se viene afirmando, pero véase ahí el peculiar sentido de la Muerte que tuvo Martí. Es que para él no era término sino vía. Y por eso no la temía. Y, antes bien, cuando las impurezas de la vida lo cercaban, cuando la incomprensión y la envidia —cuando no la injusticia— lo abrumaban, solía casi que cortejar amorosamente a esa liberación que se llama Muerte. En prosa hay mucho de esto. Y merece un largo estudio —que no se ha hecho todavía— rastrear en la profusa obra del escritor cómo se fue afinando y perfilando en él este sentido de la Muerte y cómo, por la misma razón, pudo llegar a la premonición de su particular muerte concreta.

Pero es en la poesía, al cabo la forma más sintética de expresión de la intimidad, donde da Martí la nota más cierta de lo que venimos diciendo, así como en el Epistolario —que es siempre comunicación de alma a alma— o en los Diarios que se suponen escritos para alivio del caminante y, por tanto, al modo de confesiones, en donde mejor se revelan estos sentimientos de José Martí.

En su poesía hay mucho que pudiera citarse. Aquí me atendré sólo a tres composiciones. Una es bastante conocida. Las otras lo son menos. Pero léanse con cuidado. Pues se verá que en ellas no sólo se exalta a la Muerte sino que se la siente como una liberación. Comencemos con la titulada "Con la primavera" (1) En ella dice: "No hay majestad más grande / Que la de padecer: / Sólo un rey existe: / El muerto es el rey." En otras palabras, la absoluta majestad está sólo en la muerte.

Y en otra composición de la misma colección que se titula: "Lluvia de junio" escribirá: "De este junio lluvioso al dulce frío / Quisiera yo morir: ¡ya junio acaba! Morir también en mayo quise" (2).

Pero es en su poema "Canto de otoño", de sus *Versos Libres*, donde esta atracción por la Muerte vibra con mayor intensidad. Véase si no:

>   ¡Mujer más bella no hay que la Muerte!
>   ¡Por un beso suyo
>   Bosques espesos de laureles varios,
>   Y adelfas del amor, y el gozo
>   De remembrarme mis niñeces diera!
>   ……………………………………..
>   … Puede ansiosa
>   La Muerte, pues, de pie en las hojas secas
>   Esperarme a mi umbral con cada
>   Turbia tarde de otoño, y silenciosa puede
>   Irme tejiendo con nevados copos
>   Mi manto funeral…
>   …No di al olvido
>   Las armas del amor: no de otra púrpura
>   Vestí que de mi sangre. Abre los brazos
>   Listo estoy, madre Muerte… (3)

En los poemas citados —y pudieran señalarse muchos más— no sólo se encuentra esa reverencia y hasta amor a la Muerte, sino que despunta ya una como premonición concreta del modo en que ha de morir. En uno dirá que ha querido morir en mayo –como en definitiva ocurrió– y en otro dice que su manto funeral está tejido con su sangre. Pero esa premonición se hará mucho más concreta en sus *Versos Sencillos*. Así en el Poema XXIII de dicha colección aparecen estos que casi son una descripción exacta del modo en que ocurriría su Muerte. Y hay que pensar que se publicaron en 1891, por lo que fueron escritos más de 4 años antes de su caída en Dos Ríos. Son muy conocidos, pero vale la pena copiarlos. Dicen:

Yo quiero salir del mundo
Por la puerta natural:
En un carro de hojas verdes
A morir me han de llevar.

No me pongan en lo oscuro
A morir como un traidor:
Yo soy bueno y como bueno
Moriré de cara al sol. (4)

La premonición es total. Y se hace más evidente cuando se lee el Diario de Maniobras en que los militares españoles dan cuenta de su muerte. Fue publicado en una revista de Madrid el 22 de mayo de 1895 (5). En dichas páginas se lee esto:

19 de mayo. El Coronel Sandoval con quinientos hombres... salió de Ventas de Casanovas para Dos Ríos al amanecer del 19 de mayo y al llegar al Contramaestre, cayó en manos de la vanguardia un hombre sospechoso, a quien cogieron cartas de Máximo Gómez y algún dinero. Por él supieron dónde se hallaban los enemi-

gos, y que serían unos 700 hombres a caballo con los que estaba el propio Gómez y, además, José Martí.

Y el Diario continúa: "Y poco después de las 12 de ese día, a pleno sol, salieron al combate dos hombres. Uno era Martí, quien quedó allí tendido cara al sol." Más adelante sigue la reseña de este modo: "El cadáver de Martí fue identificado allí mismo, habiendo entre los nuestros quienes lo conocían. En Remanganaguas y en Santiago de Cuba se confirmó ser él el muerto, noticia de verdadera importancia, pues había organizado la guerra y era el alma de ella."

Termina el informe con este párrafo: "...ante su féretro, la voz velada por la emoción, el Coronel Sandoval pronunció el responso justo: 'Cuando pelean hombres de hidalga condición como nosotros, desaparecen odios y rencores'."

Esa premonición de la muerte, y ese amor de Martí al sacrificio del que dejó testimonio en una famosa carta a su madre, se había iniciado muy pronto en su vida –como ya dije– pues en una de las composiciones de sus *Versos Varios*, el 4 de abril de 1870 escribió: "En ti encerré mis horas de alegría / La Patria allí me lleva. Por la Patria / Morir es gozar más." (6)

Pero no sólo previó Martí, desde siempre, cómo moriría, sino también que su muerte sería el inicio de su glorificación, que es en lo que culmina siempre la vida del que ha sido fiel a su misión redentora, porque en lo que se titulan sus *Cartas Rimadas*, puede leerse: "Viva yo en modestia oscura / Muera en silencio y pobreza; / Que ya verán mi cabeza / Por sobre mi sepultura." (7)

El arco de su vida se ha cerrado. Y lo que soñó de la muerte y el modo cómo la previó confirmaron su visión trascendental y religiosa del sentido de su existencia. Por eso "su cabeza", con su nombre, crece cada día. Este homenaje es sólo una muestra.

NOTAS

1. José Martí. *Obras completas.* Tomo 17. Segunda edición. La Habana, 1975. P.245.
2. Idem. Pág. 266.
3. Idem. Tomo 16. Págs. 145-148.
4. Idem. Tomo 16. Pág. 90.
5. Revista *La Ilustración Española y Americana,* 22 de mayo de 1895.
6. José Martí. *Obras Completas.* Tomo 17. Pág. 27.
7. Idem. Tomo 16. Pág. 352.

(Publicado originalmente en *Noticias de Arte* (Nueva York), Año X, Números 5/6, mayo-junio 1987. Página 4)

PRESENCIA DE SIMILITUDES ENTRE MARTÍ Y UNAMUNO

(Ponencia presentada en el X Congreso de la Asociación Internacional de Hispanistas. Irvine, California. Agosto de 1992.)

Lo primero que leí de Unamuno hace muchos años fueron sus ensayos *En torno al casticismo*. Y encontré en ellos un tono familiar que no me explicaba. Para entonces había ya leído y estudiado a Martí cumplidamente. Después, al continuar mis lecturas unamunianas, me seguía sorprendiendo el por qué de aquel aire familiar que me intrigaba. Pero no fue hasta muchos años más tarde que descubrí el origen de mi impresión. Estaba preparando unas conferencias sobre las novelas de Unamuno, o "nivolas" si se prefiere, cuando decidí leer toda la poesía del gran vasco por estimar que la actitud más íntima de un hombre frente a la vida se revela más en este género literario que en otros. Pues es, al fin, donde el hondón del alma sale realmente afuera, a veces sin la anuencia inclusive del autor. Y aun cuando en muchas ocasiones trate de velar o despersonalizar lo que dice. Con este propósito comencé a leer su libro *Poesías* de 1907 que compila poemas escritos a través de varios años. En una de las secciones del volumen me sorprendió una composición. La que se titula "Mi niño". Su lectura me aclaró la razón de mi familiaridad con la obra de Unamuno. Para que se pueda comprobar, copio uno de sus fragmentos. Dice:

> Soñé que subía,
> subía yo al cielo
> en alas llevado
> de mi pequeñuelo,
> de mi dulce niño.
> Henchíame todo

al cielo infinito;
eran luz mis entrañas,
eran luz que llenaban mi cuerpo,
mi cuerpo rendido.(1)

El misterio quedó revelado. Mi impresión ante la obra de Unamuno nacía de mi familiaridad con la obra de Martí. La lectura del poema citado me remitió inmediatamente a otro del *Ismaelillo*. Concretamente a éste:

Guardiancillo magnánimo,
La no cerrada
Puerta de mi hondo espíritu
Amante guardas;
Y si en la sombra ocultas
Búscanme avaras,
Mis penas varias,
En el umbral oscuro
Fiero te alzas.
Y les cierran el paso
Tus alas blancas!(2)

Es indudable –y espero que nadie disienta en este punto– que la ternura del padre hacia el hijo es la emoción originaria de ambas composiciones. Pero esta emoción tiene un especial matiz que es casi idéntico en los dos. Y es que sienten al hijo como escudo protector frente a las inclemencias de la vida que los devuelve a un como estado de beatitud, de felicidad. Y ya el léxico que emplean alude a ello. Un cotejo de los vocablos usados en ambos poemas lo prueba. Las palabras *ala, luz, sombras, noche,* así como imágenes de la oscuridad representando lo desagradable de la vida frente a lo luminoso como signo de beatitud —en ambos casos propiciada por el niño— están presentes en las dos composiciones. Mucho más se podría citar, pero hay que seguir.

Ya en esta pista, comencé a indagar si sería posible encontrar el mismo aire de parentesco entre la prosa de uno y del otro. Mi sorpresa rebasó cuanto pudiera anticipar. Por ejemplo, si desglosaba algunas de las descripciones de paisajes de Unamuno incluidas en su libro *Por tierras de Portugal y España* y las copiaba en un papel, un lector avisado podría creer que estaban escritas por Martí. Y a la inversa podría ser cierto también. Cito algunos ejemplos. De Unamuno:

> Hay algo de dulce y de manso en este mar que, aunque a menudo bravío, viene blandamente a besar la tierra y a mezclarse con ella, que no le opone erguidas rocas ni abruptos acantilados.

O esto:

> Y es un espectáculo trágico el de aquel montón de vidas expirantes que se agitan al sol, junto a las olas de los que salieron...Traen sustento de vida a los hombres, y una vez más se nos aparece como un vasto cementerio ese océano donde acaso se inició la vida y en cuyo seno palpita poderosa...(3)

De Martí copio:

> ...el negro antillano reunía todas las fuerzas de su seno, no cabía su cuerpo dilatado en la implacable orilla de sus mares, y se retorcía con sacudimientos milagrosos, pidiendo fuerza al cielo, negro también y oscuro...(4)

O esto:

De pronto bajamos a un bosque alto y alegre, los árboles caídos sirven de puente a la primer poza, por sobre hojas mullidas y frescas pedreras, vamos, a grata sombra, al lugar de descanso..(5)

El parecido afecta también al epistolario personal de ambos escritores. No en balde celebró tanto Unamuno las cartas de Martí. Aquí me limitaré a citar sólo dos ejemplos típicos. En ambos las cartas lamentan la muerte de alguien querido. En la de Unamuno, la de un amigo entrañable. En la de Martí, la de su padre. La del profesor de Salamanca va dirigida al hijo del que se fue. Dice así en parte de su texto:

Puedes figurarte, mi querido amigo Paco, el efecto que me habrá causado la noticia del tránsito de tu buen padre (q.d.g.) y mi buen amigo, y más en las condiciones en que, fuera de nuestra Salamanca, me encuentro...Cuando, pronto hará treinta y cinco años, llegué a esa ciudad, fue tu padre, fue Luis Maldonado, uno de mis primeros amigos y el mejor...(6)

La de Martí va dirigida a José García con motivo de la muerte del padre del cubano, y quien siendo su cuñado le había notificado el deceso, informándole del hecho y de los últimos momentos, ya que Martí no pudo estar presente por su destierro en Nueva York. En el texto de la misiva puede leerse:

Mi querido José:/ No hubiera querido recibir de otras manos la noticia de la muerte de mi padre. En la carta de Vd. he sentido su último calor. Si ya Vd. no fuera hermano mío, por la ternura con

que quiso a mi padre lo sería. Vd. entendió su santidad e hizo ⟨
la tierra por premiarla...Yo tuve puesto en mi padre un orgul
que crecía cada vez que en él pensaba...(7)

Basta la confrontación de estas dos muestras para percatarse –p
se a la brevedad de las citas– de que en ambas el alma se desborda ⟨
real pena sin olvidar, con sobriedad manifiesta, señalar las virtud
del desaparecido.

Pero aun hay más. Tanto Unamuno como Martí son grandes a⟨
miradores de la sinceridad como expresión genuina del espíritu,
mejor, del alma. De Martí es ya un saber común la redondilla que d
ce: "Yo soy un hombre sincero/de donde crece la palma;/y antes ⟨
morirme quiero/echar mis versos del alma."(8) De Unamuno baste
las líneas que rezan: "Y así es la verdad: la falta de sencillez, la falta ⟨
sinceridad, lo echa a perder todo..."(9)

Pero basta de ejemplos tendientes a probar el aire de parentesc
entre ambos hombres y su obra. Lo que importa ahora es ver por qu
fue así. La respuesta no es fácil ni, en modo alguno, pretende ser con
cluyente. Sólo se alumbra un tema para ulteriores investigaciones. L⟨
que sigue, pues, son las posibles causas del fenómeno. Aquí van.

Lo primero a preguntarse es si hubo algún género de influenci⟨
en-tre ellos. La de Unamuno sobre Martí es, a todas luces, impensable. Pues, según se sabe, Martí muere en los campos de Dos Ríos, en el Oriente de Cuba, el 19 de mayo de 1895. Y los primeros ensayos de Unamuno se publican precisamente ese año. Habría, por tanto, que pensar en una influencia del cubano sobre el profesor salmantino. Una actitud apasionada lo aceptaría. Pero no es así. ¿No podría ser la explicación –más bien– que ambos tenían una estructura anímica similar y que, además, vivieron en la misma época siendo así recep-

tores de parecidas influencias? Pues ambos, si no contemporáneos, sí fueron coetáneos.

En principio esto parece ser lo cierto. La coincidencia entre mucho de los dos se debe más que a influencia a un parentesco espiritual determinado por lo que Guillermo de Torre denominó "aire del tiempo" y que yo prefiero llamar "clima de la época" para darle un carácter más global incluyendo otros factores.

En efecto, Martí nace en La Habana en 1853. Y Unamuno en Bilbao en 1864. Sólo once años hay de diferencia entre ellos. Y ambos son niños de intensa sensibilidad que recuerdan hasta muy entrada la vida la figura de la madre. Ambos también han tenido hermanas que los han mimado y admirado. Y en los dos hay cierta actitud redentorista que cada uno reveló de distinta manera. Y en los dos hay un apetito religioso ajeno al dogma cerrado que se expresa de modo muy sutil. Por lo mismo, la reflexión moral está presente en cuanto hacen o escriben. Por último, cierto orgullo altivo les es característico, lo que determinó que algunos contemporáneos los tacharan de soberbios y que un gesto mohín asomara muchas veces al verlos pasar. Y en los dos se da la circunstancia de haber nacido lejos de Madrid, la metrópoli de entonces. A los efectos de la formación tanto daba en aquellos tiempos haber nacido en la Habana –puerto abierto a todas las rutas– como haber crecido en Bilbao con similares características. Pero todavía otro hecho aumenta la similitud de ambientes para ambos. Pues los dos tienen ocasión de ser testigos de luchas fratricidas en sus respectivas ciudades, y esto en la adolescencia, cuando la sensibilidad se exacerba y promueve reacciones románticas e idealistas. Más tarde ambos dejarían patente en su obra el impacto de esas luchas. Pues no debe olvidarse que en mucho de lo que estos hombres hicieron o escribieron persiste –como persiste en todo lo que es– lo más profundo del pasado. Y más en ellos que fueron almas románticas de variado matiz como lo muestran las "Rimas a Teresa" de Unamuno y los poemas alusivos a María García Granados en Martí. Sólo que, si el sentimiento que los inspira es de índole romántica, no son exactamente románticos los modos de expresión.

¿Quiere esto decir que se niegue de manera rotunda la posible influencia de Martí en Unamuno? Esta es cuestión para responder cuidadosamente. Como un anticipo puede aceptarse que la obra unamuniana anterior a su conocimiento de Martí revela una semejanza que no es producto de influencias sino de coincidencias epocales y de estructura íntima y personal, como he tratado de mostrar. Por ello hay que ir con mucho cuidado al pensar en una posible influencia del cubano sobre Unamuno. Pues el salmantino comenzó a escribir en *La Nación* de Buenos Aires en 1899 por la gestión de Rubén Darío, según él lo reconociera al escribir:

> Fue él, Darío, quien vino una vez en Madrid –hace ya años– a ofrecerme, en nombre del director de este diario, la colaboración con él; fue Rubén quien sirvió de medianero para traerme acá, a *La Nación*. Y no olvidaré nunca la visita que entonces me hizo y lo que de este verdadero hogar intelectual me dijo y de esa Argentina...¡Figúrense, lectores, si le debo! (10)

Pero antes que Darío y que Unamuno había sido Martí un destacado colaborador en dicho periódico con sus famosas crónicas sobre la vida europea e hispanoamericana en los Estados Unidos. Pero, ¿autoriza eso a pensar que alguna vez las leyese Unamuno? No parece ser así. Pues por mucho tiempo fue Martí para el bilbaíno ese "ilustre desconocido" de quien habló García Calderón. Sin embargo, mucho más tarde, cuando en verdad Unamuno lo lee, las circunstancias cambian. Hay que rastrear en dicho momento. Fue aparentemen-

Presencia de similitudes entre Martí y Unamuno.

n 1914 cuando Gonzalo de Quesada y Aróstegui le hace llegar los *Versos Sencillos* publicados por la Editorial Trópico. Tras la lectura, el entusiasmo de Unamuno por el poeta —y por extensión— por el hombre, se desbordó y escribió, poco después, un artículo titulado "Los *Versos Libres* de Martí". De dicha pieza son estos fragmentos:

Todavía siento resonar en mis entrañas el eco de los Versos Libres de José Martí que, gracias a Gonzalo de Quesada, pude leer hace unos meses. Pensé escribir sobre ellos a raíz de haberlos leído...Mas opté por dejar pasar el tiempo y que la primera impresión se sedimentara y se depurase...

Y más adelante continúa:

La oscuridad, la confusión, el desorden mismo de esos versos libres nos encantaron. Esa poesía greñuda, desmelenada, sin afeite, nos traía viento libre de selva que barría el vaho de perfumes afeminados, de salón, de esos versos cantables, con vaivén de hamaca...(11)

El entusiasmo de Unamuno es obvio. Eso explica que Gonzalo Quesada, después, lo antepusiera a guisa de introducción en el tomo XV de la edición de Trópico. Y de lo cual se hace eco el propio Unamuno en carta al Dr. Gonzalo Aróstegui, donde le dice:

Muy señor mío:/ Gracias por el ejemplar que en memoria de Gonzalo de Quesada me envió del volumen XV de las *Obras* de Martí...Me complace ver que han reproducido lo que escribí sobre los *Versos Libres*...El estilo epistolar de Martí —más de poeta que de orador— me interesa enormemente...Me interesa, en fin, y mucho, Martí, y pienso dedicarle como escritor y sentidor —sentidor tanto más que pensador— algunos comentarios...(12)

Así lo hizo. Porque después publicó dos trabajos más sobre el Apóstol de Cuba. Uno rotulado "Sobre el estilo de Martí" en que dice:

> Cuando escribimos...sobre los endecasílabos libres de Martí no conocíamos aún sus cartas, sus cartas escritas a vuela pluma, algunas en el campamento, es un estilo taquigráfico o telegráfico, de expresiones torturadas y oscuras, pero llenas de íntima poesía...(13)

Y tan impresionado vivía el gran vasco por la prosa martiana, especialmente por sus cartas, que publicó otro trabajo que tituló precisamente así: "Cartas de Poeta". En él puede leerse esto:

> Las cartas de Martí son verdaderas cartas brotadas espontánea e improvisadamente del corazón y escritas al correr de una vida vertiginosa...no disponía de tiempo que dedicar a hacer sus cartas más cortas...Y, sin embargo, son, por lo general, muy cortas, muy concisas...Las cartas de Martí...abundan en frases poéticas de una concentración grandísima. ¿No es acaso característica de la poesía llegar a la máxima concentración?...(14)

No insisto más. Es patente que la lectura de Martí en fecha tardía provocó en el profesor de Salamanca una admiración no usual en persona muy difícil para el elogio. Eso explica que hayan sido muchos los que han opinado que en ese gran poema que es "El Cristo de Velázquez" hay una influencia de los endecasílabos "hirsutos" de

Martí. Entre tales están Don Federico de Onís, Guillermo Díaz Plaja y Eugenio Florit, quien ha escrito: "Creo asimismo que la lectura de los *Versos Libres* dejó alguna huella en Unamuno, en cuyo 'Cristo de Velázquez' puede notarse a veces el tono del endecasílabo martiano."(15). Pero el testimonio más a destacar es el de Manuel García Blanco, el gran unamuniano, quien cita de Unamuno estas frases sobre el cubano:

> ...el que se pone a escribir, o mejor a improvisar con la pluma versos, porque el alma le pide versos, le demanda expresión rítmica de sentimientos fugaces encarnados en calientes imágenes, ese tal escribe, sin apenas darse de ello cuenta, endecasílabos libres. Así Martí.(16)

Lo que lleva a García Blanco a concluir:

> Y así también Unamuno en "El Cristo de Velázquez"...Que este escrito sea anterior o posterior a la fecha inicial de aquel poema poco importa...El hecho evidente y por eso lo hemos destacado aquí, es que estas afirmaciones unamunianas encuentran su complemento en el poema cuya forma parece defender y justificar con tan profunda mención de ejemplos ajenos.(17)

Termino. Quede el tema abierto a ulteriores elaboraciones. Cuando éstas se hagan se comprobará como Unamuno fue también, a su modo, un modernista, con acento marcado hacia el lado simbolista. De ahí su parecido con Martí, cuya actitud ante la vida y el hacer poético en tanto lo recordaba. Por eso es a él y no a Darío a quien se sintió llamado a admirar y, quizás, a dejarse influir. Nada más debe añadirse ahora.

Nueva York, abril de 1992

NOTAS

1- Miguel de Unamuno, *Obras Completas*, Prólogo, edición y notas de Manuel García Blanco, Tomo XIII (Madrid, 1948).P 445.
2- José Martí.-*Obras Completas*. (Lex) Tomo II, La Habana, 1946. p. 1344. Ver también: José Martí.- *Ismaelillo, Versos Libres, Versos Sencillos* (Cátedra) Madrid, 1982, p. 79.
3- Miguel de Unamuno.-*Por tierras de Portugal y España*. (Anaya) Salamanca, 1964. pp. 22 y 25 respectivamente.
4- José Martí. *Ob. Comp*. (Lex) II, p. 601.
5- Idem. Tomo I, p.280.
6- Manuel García Blanco.-*En torno a Unamuno*, Madrid, 1965, p.131.
7- José Martí.-*Obras Completas*, 27 tomos, La Habana, 1975. T. 20, p. 319.
8- J.M.-*Ob. Comp*. (Lex), II, p. 1351.
9- Miguel de Unamuno.-Ensayo "Sobre la Soberbia", *Obras Selectas*, Prólogo de Julián Marías, Madrid, 1960, p. 233.
10- M. de Un.-"La Nación", 10-V-1916. Ver también.-M. de U. *Ob. Comp*. Tomo VIII, p. 532. (Se aclara que este artículo fue provocado por la muerte de Darío en León, Nicaragua, el 7 de enero de 1916.)
11- M. de Un.-*Ob. Comp*. T. XIII, pp. 139-140. (Este artículo se publicó también en el *Heraldo de Cuba*, de la Habana y posteriormente reproducido en uno de los números de *Archivo José Martí*, Vol. IV, 1947.)
12- M. de Un.-Carta al Dr. Gonzalo Aróstegui fechada en Salamanca el 8-VII-1919, y publicada en *Repertorio Americano* en su número 1, en la pág. 22 y luego reproducida en *Archivo José Martí* en 1947.

13-. M. de Un.-"Sobre el estilo en Martí". Publicado en *Germinal*, Cárdenas, Cuba, en agosto de 1921, año I, núm. 2, pp. 2 y 4. Y reproducido en *Archivo José. Martí*, Vol. XI, 1947.

14- M. de Un.-"Cartas de Poeta". En *Nuevo Mundo*, Sección "Notas de Estética", 10 de Oct. 1919, Madrid; y reproducido en *Archivo José Martí*, XI, 1947.

15- Eugenio Florit.-*Poesía en José Martí, Juan Ramón Jiménez, Alfonso Reyes, Federico García Lorca y Pablo Neruda*, Miami, 1978, p. 36.

16. M. de Un. *Ob. Comp.* T. XIII, Prólogo, pp. 143-144.

17. Idem, p. 144.

POÉTICA DE JOSÉ MARTÍ
(Ponencia presentada en el Congreso del Instituto Internacional de Literatura Iberoamericana celebrado en Bonn, Alemania, en 1986.)

Muy pronto en su vida –no tenía más que veintidós años– comenzó José Martí a esbozar su credo poético. Forzado por las circunstancias vuelve a América después de su primer destierro político en España para radicarse en México adonde su familia había emigrado para reunirse con él. Venía equipado con los títulos de abogado y de Licenciado en Literatura así como con un acervo de nuevas experiencias de todo orden, principalmente culturales. En ese viaje de regreso había pasado por París donde había conocido a Víctor Hugo y cuyo libro *Mes Fils* lo acompañó en el viaje y el cual –en mi opinión– además de traducirlo, dejó honda huella en su obra.

En México ejercer la abogacía le hubiera sido difícil por sus convicciones políticas. No así las letras. A ellas se dedicaría. El periodismo sería el primer paso. La *Revista Universal* le abrió sus puertas. Allí inició sus colaboraciones. Y en sus páginas, posiblemente sin darse cuenta, fue esbozando su orientación poética. Así, en un comentario aparecido el 11 de mayo de 1875 dice: "Un pueblo nuevo necesita una bella literatura...La literatura es la bella forma de los pueblos. Con pueblos nuevos, ley es esencial que literatura nueva surja."(1)

Poco después va a insistir en la misma idea: "Toda nación debe tener un carácter propio y especial; ¿hay vida nacional sin literatura propia?"(2). También en las páginas de dicha revista esbozó muy desde sus comienzos algo que habría de ser uno de los principios orientadores de su obra: su estimación por el mundo interior del poeta como fuente de creación y su aprecio de la fantasía y del sueño, de lo onírico. Prueba de ello son estas frases, también de 1875, cuando apenas había iniciado su vida de escritor. Dicen:

Lo informe es lo más bello; lo incorrecto es la verdad. Cuando hay luz en el alma hay en los labios escasez. Lo grande absorbe; cuando lo grande está replegado en nuestro germen, las palabras son impotentes y mezquinas. ¡Júzguese al poeta por lo que sueña, no por lo que escribe! (3)

Y en otro momento dirá:

Dan los talentos imaginativos en pensar que poeta es algo como oficio. Poeta es algo como relámpago; se enciende a instantes... Duro es traer a la tierra la imaginación que vuela a lo alto. (4)

Muy pronto también surge de su pluma otra norma, la que aconseja que la poesía no puede ser siempre igual aunque parta de la más honda intimidad, porque diverso es siempre el sentir que la provoca. Por lo que a veces será ruda, a ratos suave como un bálsamo, otras airada. Quizás sea el fragmento que sigue el primer documento donde Martí expresa esta idea. Es en un comentario a un libro de versos de su amigo Antenor Lescano. Dice:

Son los unos poetas por el afán de hacer versos y sónlos otros porque los accidentes de la vida les van poniendo versos en los labios; es aquella poesía, como poesía del cerebro, vaga y hermosa a veces, con la hermosura del follaje; es la otra manera como poesía del corazón, savia vital, robusta como el árbol que se levanta desde los senos de la tierra, ruda a las veces como el tronco que en sí mismo se enrosca... Aquélla fatiga; ésta cautiva...(5)

Otra idea que va a aparecer tempranamente como normadora es lo que voy a llamar su "antiacademicismo". Lo expresa claramente en 1876 cuando escribe:

> Es ley ya que termine la fatigosa poesía convencional, rimada con palabras siempre iguales que obligan a una semejanza enojosa en las ideas. No se hacen versos para que se parezcan a los de otros; se hacen porque se enciende en el poeta una llama de fulgor espléndido, y enardecido con su calor, allá brota en rimas en tanto que de su alma brota amor.(6)

Otros dos módulos han de regir la poética martiana. Uno es la necesidad de que la literatura cumpla el fin ético de exaltar lo mejor del hombre, de elevar su espíritu. Para Martí esto fue un principio de obligado acatamiento. Y es que en este hombre la separación entre literatura y vida jamás existió. Bien lo han reconocido los que lo han estudiado desde sus biógrafos o comentadores cubanos como Jorge Mañach, Félix Lizaso, Juan Marinello, Cintio Vitier o Carlos Ripoll hasta los de otros lares como Gabriela Mistral, Unamuno, Frida Schultz de Mantovani, Andrés Iduarte o, más recientemente, Iván Schulman o el crítico José Olivio Jiménez. Esta idea de servicio a través de la obra la expresó muy desde el principio. Así, en México, al desaprobar el suicidio del poeta Acuña, escribe: "Se es responsable de las fuerzas que se nos confían: el talento es un mártir y un apóstol" (7), y en otro lugar afirmará: "Narciso no se ha de ser en las letras sino misionero".(8)

El otro módulo a que aludimos es el de la cultura. Creía Martí que sin cultura, sin información, sin estudio, no se puede opinar, menos escribir. Pero esa cultura no debe paralizar ni incitar a la imitación sino al pensamiento propio, ajustado a la época y bien expresado. Por eso dirá:

> Dejan los hombres culminantes huellas sumamente peligrosas, por esa especie de solicitud misteriosa que tienen a la imitación. Polvo de huesos y sedimento de humus habrán sido ya muchas veces los restos de Anacreonte y de Virgilio, y aun hay en la expresión rimada del pensamiento poético tintes de los dos... El estudio es un mérito; pero la imitación es un error. (9)

Y en el elogio que años más tarde escribiría sobre Longfellow dirá: "Había vivido entre literaturas, y siendo quien era, lo que es mérito grande, le sirvieron sus estudios como de crisol que es de lo que han de servir, y no de grillos como sirven a otros".(10)

Lo hasta aquí dicho demuestra cómo Martí desde muy pronto fue forjando su poética. Pero no hace falta gran perspicacia para constatar cómo todo esto está todavía en agraz y expresado en prosa aun no cuajada. Necesitaba el escritor más experiencia. También acendrar su formación Los posteriores años de su vida lo harían posible. Y tras una corta estancia en Guatemala y su regreso —casi forzado— a la patria adolorida, sufre un segundo destierro en España. Será el definitivo. El hombre maduro que es ya Martí —con deberes ineludibles que cumplir— decide sumarse a la "emigración" que hoy llamamos exilio. Y el lugar elegido para radicarse fue Nueva York. Llega a la gran metrópoli en los comienzos de enero de 1880. Ya en dicha ciudad asume su destino de patriota y de su hacer como escritor. Pronto comienza a colaborar —inicialmente en inglés y alguna vez en francés— en algunos periódicos de la ciudad: *The Hour* y *The Sun*. Sus primeras colaboraciones tienen como tema asuntos de arte. Él mismo se refiere a ello con ironía burlona al escribir:

De manera que sé de pintura. Ha comenzado a publicarse en N. York un periódico de artes y salones, "The Hour", y sus redactores principales, Tiblain y Murphy, habían encargado a un cubano artista, maestro afamado del creyón, a Collazo, un crítico de arte. Collazo habló de mi...Y heme aquí con dos papeletas para ver museos... Yo sé un inglés bárbaro...(11)

En esta tarea –como lo hace siempre– continúa sugiriendo sus ideas sobre el hacer poético. Y al año siguiente –en 1881– va por un breve período de tiempo a Caracas. Aún sueña con radicarse en un país que hable su lengua. Y funda allí la *Revista Venezolana*. Y es entonces –en mi criterio– donde cuaja, ya madura, su prosa y también su "Poética". Prueba al canto. En Caracas visita a la noble figura de Cecilio Acosta. Y publica en 1a revista que había fundado la hermosa reseña de dicha visita. En ella se lee:

Esta lectura varia; copiosísima, aquel mirar de frente, y con ojos propios en la Naturaleza, que todo lo enseña; aquel rehuir el juicio ajeno, en cuanto no estuviese confirmado en la comparación del objeto juzgado con el juicio; aquella independencia provechosa, que no le hacia siervo, sino dueño; aquel beber la lengua en sus fuentes, y no en preceptistas autócratas ni en diccionarios presuntuosos, y aquella ingénita dulzura que daba a su estilo móvil y tajante todas las gracias.(12)

El elogio implícito en la semblanza enoja al gobernante imperioso Guzmán Blanco que aspira también a ser exaltado. Martí, fiel a sus convicciones, decide retirarse y vuelve a Nueva York. Es a fines de 1881. Ya para entonces sabe qué quiere como escritor y cómo ha de ser lo que escriba. No extrañe por eso que diga en carta que se considera su testamento literario esto: "Versos míos, no publique ninguno antes del Ismaelillo: ninguno vale un ápice. Los de después, al fin, ya son unos y sinceros".(13) El pequeño libro se publicó en 1882 habiéndose escrito en su mayor parte en Caracas.

A partir de esa fecha su ruta como escritor tiene ya rumbo fijo y decidido. Y tanto su prosa como su verso reflejarán los principios en que largamente ha meditado y que lo orientarán. ¿Cuáles son estos principios? Difícil atreverse a establecerlos. No porque no sean claros sino porque arredra esto de sentar principios para la obra de alguien que —si alguno tuvo hasta la raíz— fue no tener ninguno de obligado acatamiento cuando contraviniese lo que en su concepto debía ser. Pero la inteligencia de un problema —y no otra cosa es la crítica— obliga a ese discernimiento, aunque como afirmase Bergson, la inteligencia mata la vida. Voy, pues, a la sistematización anunciada.

La Poética de Martí puede resumirse en estos puntos: 1)-Sinceridad 2)-Ajuste al nivel del tiempo 3)-Deber misionero 4·)-Respeto por el fondo misterioso de donde surge la creación y 5)-Antiacademicismo. Procedo a explicar.

1)-Sinceridad.- ¿Qué es para Martí la sinceridad? No vale la palabra lo mismo para todos. En su voz es autenticidad, fidelidad al propio ser, radical coraje para "perseverar en el ser" como pedía Spinoza. Es el "yo sé quien soy" que dice Don Quijote o el "to be or not to be" de Hamlet. Esa sinceridad, esa autenticidad, la expresa Martí de muchas maneras y las refleja en su obra y en su vida. Esa sinceridad es la capacidad de ver por sí y de decir lo que ve sin incurrir en el pecado de someterse a juicio ajeno. Es ser el que se es a todo aire. También a todo dolor o a toda injusticia. Es no ya un principio intelectual, sino una "creencia" en el concepto de Ortega y Gasset. No se olvide que

Martí lo dijo muy claramente en la estrofa que reza: "Yo soy un hombre sincero/de donde crece la palma/ y antes de morirme quiero/ echar mis versos del alma."(15).

Esa sinceridad que debe orientar la creación literaria obliga al poeta a ser honrado, a decir lo que siente, no a complacer. Bien lo expresa al. encomiar al escritor hispanoamericano Santiago Pérez Triana con estas palabras: "La honradez no es menos necesaria en literatura que en las demás ocupaciones del espíritu. Lo que no es honrado en literatura, como en todo, al fin perece."(16).

Esta sinceridad y autenticidad imponen al poeta hacer una poesía original porque cada ser es único, irrepetible. Tal vez nunca expresó esta idea y esta convicción tan plenamente como cuando escribió en plena madurez lo que sigue:

> Poesía no es, de seguro, lo que corre con el nombre, sino lo heroico y virgíneo de los sentimientos, puesto de modo que vaya sonando y lleve alas, a lo florido del alma humana... Poesía es poesía, y no olla podrida, ni ensayo de flautas, ni rosario de cuentas azules, ni manta de loca, hecha de retazos de todas las sedas, cosidos con hilo pesimista, para que vea el mundo que se es persona de moda, que acaba de recibir la novedad de Alemania o Francia. (17)

Y en el mismo trabajo dirá más adelante: "Todo está dicho ya; pero las cosas cada vez que son sinceras, son nuevas." (18)

2)-Ajuste al nivel del tiempo.- ¿Qué debe entenderse por esta enunciación? Simplemente esto. Que el escritor tiene que ser hombre de su tiempo, enterado de lo que en él pasa y alerta a sus problemas. Pero básicamente, hombre cerca de su tronco vital, hombre fiel a su raíz.

El hombre que reniega de sus raíces no puede ser hombre de su tiempo. Martí lo fue en grado sumo pese a vivir la mayor parte de su vida fuera de su tierra por lealtad a sus principios. Pero las esencias estuvieron siempre con su isla. Para ella escribió y a ella entregó en holocausto su vida. Pues para él la patria no era sólo la tierra física sino los valores en que creía y que quería ver imperar en ella. Los de la libertad y la justicia. Y no conozco quien haya definido a la libertad con más amplio alcance que él cuando dijo que era "el derecho que todo hombre tiene a pensar y hablar sin hipocresía." Y es curioso que sea Juan Marinello que tan bien lo conocía, y quien murió en la Cuba de hoy, quien escribiese sobre lo que vengo diciendo esto:

> (...) la obra de Martí es un raro espectáculo, el de un artista que, siendo siempre el mismo –genio y figura, genio y entraña– tuvo poderes para trasmutar en expresión nueva lo que le dicen su intimidad y su dintorno.(19)

Porque Martí fue hombre de su tiempo nada de lo que en él pasaba le fue ajeno. E1 material de sus crónicas, celebradas por Darío, Sarmiento, Sanín Cano y otros pocos mientras vivió –y hoy elogiadas por cuantos las han leído– dan fe de ello. Así, y por citar sólo tres, nombro las que dieron cuenta de tres acontecimientos notables. La que dedicó a la inauguración del Puente de Brooklyn en Nueva York en 1883, la que narra cómo ocurrió la instauración y develación de la Estatua de la Libertad –ya centenaria– y la que le inspiró la Exposición de París cuando se erigió la Torre Eiffel. Excuso citas de dichas crónicas por creerlo innecesario a los fines de este trabajo. Y porque fue hombre de su tiempo se enteraron los hispanoamericanos que lo leían de lo que pasaba en Europa y en América, no sólo en el mundo de las letras y las artes, sino también en el de la ciencia y en el de la técnica. Y aun en la Naturaleza.

3)-Deber misionero de la literatura.- Creyó Martí –y muy firmemente– que era deber del escritor promover lo mejor del hombre. Bien sé que es principio de largo ancestro en literatura y que, mal manejado, puede resultar en un didactismo simplón y de mal gusto. El buen escritor, sin embargo, suele obviar el escollo. Señeramente Martí lo hizo. Para ello apeló siempre a lo más digno del hombre y creyó en la fuerza del amor y de la belleza tanto como repudió el odio. Alguna vez dijo "sólo el amor construye". Para ilustrar esta norma del cubano me limitaré a citar esto: "los libros que definen calman. En toda palabra ha de ir envuelto un acto. La palabra es una coqueta abominable cuando no se pone al servicio del honor y del amor."(20)

4)-Respeto por el fondo misterioso de donde surge la creación- Habrá sorprendido que no haya citado –como parece de rigor– los prólogos a sus libros de versos en que de modo tan palmario hizo el escritor referencia a su poética. Ha sido deliberación. Al cabo, a dichos prólogos se han remitido cuantos lo han estudiado. Y yo sólo he pretendido sustanciar la "poética" martiana en la larga meditación a solas con su literatura que fue su vida y que cristaliza en los prólogos citados y en sus poemas en que no hay otro tema sino ése: su poética. Las citas de ellos podrían multiplicarse hasta el cansancio. Yo he preferido recordar lo que dijo –casi como de pasada– en mucho de su prosa que es casi tan inagotable como su poesía para saber lo que pensaba sobre el tema. Pues pensó y dijo mucho. Ya en 1875 había escrito: "La imaginación agranda y perturba: ¡mísero el poeta que ha querido sujetar su alma a la razón."(21)

Es que Martí sabía que en todo buen poeta la inspiración es algo que llega, no se busca. No se debe escribir poesía hasta que el verso no se hace realmente necesario, hasta que el verso es la única forma de expresión posible para decir lo que se siente. Hasta entonces, sólo la prosa debe decir. Estas ideas las expresará en múltiples ocasiones. Al azar cito: "El poeta debe callar su dolor hasta la hora sublime en que el verso tallado busca salida, despedazando las entrañas."(22) Y porque la inspiración es súbita hay que apresarla cuando viene y no dejarla escapar, pues como él escribió:

Lo que se deja para después es perdido en poesía, puesto que en lo poético no es el entendimiento lo principal, ni la memoria, sino cierto estado de espíritu confuso y tempestuoso en que la mente funciona de mero auxiliar.(23)

Y en uno de sus Cuadernos de Trabajo puede leerse:

Perdón por esta culpa mía de ofrecer, en vez de un ramo de flores, un haz de relámpagos. Si mis jardines están hechos de ellos, ¿qué de otras flores he de coger que las que hay en mis jardines? Y si nacen a mis ojos por voluntad extraña a la mía, ¿cómo evitar que los ojos caigan sobre ellas y si mandan que las pinte, como si fueran espadas movidas por capitán invisible, cómo me libraré de su mandato? (24)

Y aun esto otro:

Respeto a mis pensamientos como superiores a mí, e independientes de mí, y como guardaría un depósito. Hay ideas que yo elaboro, y compagino, y urdo, y acabo, y son las más pobres de las que pasan como mías, otras vienen hechas y acabadas de suyo, sin intervención alguna de mi mente, y se salen sin mi permiso...(25)

Obvio el comentario. Estuvo Martí convencido de que en el fondo de su poesía había un ingrediente onírico y misterioso, ajeno a toda razón. Y a todo análisis. Y esa era la verdadera sustancia poética. De ahí la metáfora desusada que aletea en su poesía, de ahí el ritmo abrupto de sus *Versos Libres,* de ahí la sencillez, impostada en clave alada de sus *Versos Sencillos,* de ahí, en fin, cierta poesía que a veces asoma en su prosa. Es la cualidad de "vate" que le ha señalado Eugenio Florit al escribir:

Nunca...es nuestro poeta el artista artificioso, sino el verdadero vate. El sueño está ahí; primero, en la mente iluminada por el divino toque de gracia; después, en el poema que transcribe del modo más digno, por la maestría y la cultura. Sabe Martí ver su visión y sabe también escribirla para que la veamos nosotros. Sabe "contar el viaje".(26)

Se refiere el comentador a las estrofas de la composición "Musa traviesa" del *Ismaelillo* donde Martí dice:

Yo suelo, caballero
En sueños graves
Cabalgar horas luengas
Sobre los mares,
Me entro en nubes rosadas,
Bajo a hondos marea,
Y en los senos eternos

Hago viajes.
....
De mis sueños desciendo,
Volando vanse,
Y en papel amarillo
Cuento el viaje. (27)

No fue Martí ajeno a esta opinión. Deliberadamente lo destaca en los prólogos a sus libros de versos. En la carta al hijo que precede al *Ismaelillo* afirma: "Tal como aquí te pinto, tal te han visto mis ojos. Con esos arreos de gala te me has aparecido" (28) Y en el prólogo a sus *Versos Libres* dirá, y muy enfáticamente:

Lo que aquí doy a ver lo he visto antes (yo lo he visto, yo) y he visto mucho más, que huyó sin darme tiempo a que copiara sus rasgos... De la copia yo soy el responsable. Hallé quebrados los vestidos, y otros no y usé de estos colores...(29)

Y en prosa alguna vez dirá que "la inspiración es dama que huye de quien la busca."(30)

A qué seguir. Fue Martí enteramente consciente de que en el poeta habla la voz del misterio y que es deber darle paso sin pretender aherrojarla por la razón. En esto fue también hombre de su tiempo. No se olvide que contemporáneos o coetáneos suyos fueron Verlaine, Sully Proudhome, Coppée, Mallarmé, Unanuno, Walt Whitman, Oscar Wilde, quienes rebasarían los credos románticos para llevar la poesía a un nuevo clima espiritual donde el símbolo poético quedase libre de viejos usos retóricos.

Este mundo interior debía, empero, ser expresado en la forma más bella y en la más adecuada a su vibración. Por eso dirá: "Los versos vienen como empujados desde adentro, y amoldados, encaramados en un taller interior" (31) O esto: "A cada estado del alma un metro diverso, que de ella brota naturalmente."(32)

Precisamente por lo dicho es que se destaca en la poética de Martí un sentimiento de rebeldía ante toda norma impuesta desde fuera, ante toda Retórica. Por eso señalaba yo como último módulo de su poética el *antiacademicismo*. Y por eso –añado– tardó tanto tiempo en asentar su fama. Porque es justo que se diga que si es cierto que algunos espíritus preclaros lo adivinaron en vida; fueron más –muchos más– los que permanecieron ciegos ante su luz. Pero, como pasa siempre, la luz se ha hecho.

e)-El antiacademicismo.- El antiacademicismo de Martí –como siempre en él– no fue una actitud beligerante, de lucha con los demás. Recuérdese que siempre dijo que la crítica era el mejor ejercicio del criterio y que de no poder aplaudir prefería el silencio. Sin embargo, fue firme en el sostenimiento de sus puntos de vista sobre su poética. Y en su aplicación. Tal vez en parte alguna lo exprese con más detalle que cuando prologa el libro de su amigo Juan Antonio Pérez Bonalde. Con razón ha sido considerado dicho prólogo –especialmente por José Olivio Jiménez– como fundamental para la intelección de su poética. Es así. De dicho texto copio:

> El verso es perla. No han de ser los versos como la rosa centifolia, toda llena de hojas, sino como el jazmín del Malabar, muy cargado de esencias... El verso, por dondequiera que se quiebre ha de dar luz y perfume. Han de podarse de la lengua poética, como del árbol, todos los retoños entecos... Pulir es bueno, mas dentro de la mente y antes de sacar el verso al labio. El verso hierve en la mente, como en la cuba el mosto. Mas ni el vino me-

jora luego de hecho, por añadirle alcoholes y taninos; ni se aquilata el verso, luego de nacido, por engalanarlo con aditamentos y aderezos.

Y aun esto otro en el mismo texto:

¡Oh, esa tarea de recorte, esa mutilación de nuestros hijos, es trueque del plectro del poeta por el bisturí del disector... Como cada palabra ha de ir cargada de su propio espíritu y llevar caudal suyo al verso, mermar palabras es mermar espíritu.(33)

Por sostener estos criterios en todo momento proclamará la necesidad de que el poeta se libre de trabas y se atreva a ser quien es. Así —muy temprano en su vida— en una carta escribirá:

La época es libre, séalo el verso... que mientras más límites se salvan, se está más cerca de lo ilímite; y mientras más trabas rompe el hombre, más cerca está de la divinidad germinadora.(34)

Pero cuidado. No se malinterprete. No se estime que esa libertad carece de límites. En modo alguno. De un lado debe perseguir la belleza y, muy importante, ajustarse a la esencia de lo que anida en lo hondo del poeta. De ahí que alguna vez diga: "Uno es el lenguaje del gabinete, otro el del agitado parlamento. Una lengua habla la áspera polémica; otra la reposada biografía." (35) O esto:

La frase tiene sus lujos, como el vestido, y cual se viste de lana, y cual de seda, y cual se enoja porque siendo de lana su vestido no gusta que sea de seda el de otro. Pues ¿cuándo empezó a ser condición nula el esmero?(36)

Porque Martí pensaba así fue enemigo de toda imitación y la condenó siempre que pudo. Lo que explica su irritación cuando alguien se la imputaba. Por eso, y hasta con lo que debe haber parecido insufrible altanería, protestará airadamente cuando tal ocurre. Y por lo mismo dirá, en el prólogo a sus *Versos Libres*:

> Estos son mis versos. Son como son. A nadie los pedí prestados. Mientras no pude encerrar íntegras mis visiones en una forma adecuada a ellas, dejé volar mis visiones: ¡oh, cuánto áureo amigo que ya nunca ha vuelto! Pero la poesía tiene su honradez, y yo he querido siempre ser honrado. Recortar versos también sé, pero no quiero.(37)

Y esta otra protesta por el mismo motivo:

> ...no se me calumnie, diciendo que quiero imitar nada ajeno; mi objeto es desembarazar del lenguaje inútil la poesía; hacerla duradera haciéndola sincera, haciéndola vigorosa, haciéndola sobria, no dejando más hojas que las necesarias para hacer brillar la flor... Denunciar el vulgar culto a la rima, y hacer a ésta esclava del pensamiento, vía suya, órgano suyo, traje suyo.(38)

No puede hacerse esta labor, por supuesto, sin un largo estudio y una reposada meditación. Así lo hizo él y dentro de qué límites. Por eso fue tan buen amigo de la noche como lo ha destacado José Olivio Jiménez; en un excelente estudio. (39)

Igualmente estaba convencido Martí de la necesidad del estudio y sus Cuadernos de Trabajo dan prueba de ello. En una nota escribirá:

...ni el tener veinticinco años, y haber hecho unos cuantos versos, es titulo para ser rico y feliz, y presidir sobre los franceses, sino que hay que estudiar mucho manuscrito y pasar sendos inviernos desenterrando novedades en las bibliotecas, y largos veranos estudiando en lo vivo a las gentes, y tentar mucho, y caer mucho, antes de ganar fama de meritorio y adquirir persona...(40)

Y en otro lugar dirá: "Leer una buena revista es como leer docenas de buenos libros: cada estudio es fruto de investigaciones cuidadosas".(41) Por ello vivía rodeado de libros, cuadros, revistas. Estudiar para escribir era su ley, Por eso en una de las Notas de su Cuaderno de Apuntes puede leerse: "...los hombres de la generación actual vivimos en un desconocimiento lastimoso y casi total del problema que nos toca resolver. A estudiarlo, establecerlo y delimitarlo viene este periódico."(42)

Con los criterios señalados escribió Martí toda su obra, especialmente su obra poética, la más libre por menos sujeta a las imperiosas necesidades de la vida que tanto lo apremiaron. Por eso es en sus versos donde mejor cristaliza su credo poético. Como ilustración transcribo un fragmento de un poema suyo titulado "Mi Poesía", de sus *Versos Libres*. Dice:

Muy fiera y caprichosa es la Poesía,
A decírselo vengo al pueblo honrado:
La denuncio por fiera, Yo la sirvo
Con toda honestidad: no la maltrato;
No la llamo a deshora cuando duerme,
Quieta, soñando, de mi amor cansada,
Pidiendo para mí fuerzas al cielo;
No la pinto de gualda y amaranto

Como aquesos poetas; no le estrujo
En un talle de hierro el fresco seno;
....
Eso sí: cuido mucho de que sea
Claro el aire en su torno; musicales
Las ramas que la amparan en el sueño
Y limpios y aromados sus vestidos;
....
Yo protesto que mimo a mi Poesía;
Jamás en sus vagares la interrumpo,
Ni de su ausencia larga me impaciento.
¡Viene a veces terrible! ¡Ase mi mano,
Encendido carbón me pone en ella
Y cual por sobre montes me la empuja!
Otras ¡muy pocas! viene amable y buena,
Y me amansa el cabello; y me conversa
Del dulce amor, y me convida a un baño! (43)

Baste lo dicho para captar hasta qué punto fue Martí hombre consciente de su poética, Por ello cierro este trabajo con la última estrofa de sus *Versos Sencillos,* de poema XLVI. Refleja una honda y casi religiosa vivencia de la poesía en el hombre que fue José Martí. Dice dicha estrofa:

¡Verso, nos hablan de un Dios
Adonde van los difuntos:
Verso, o nos condenan juntos,
O nos salvamos los dos! (44)

Creemos que su espíritu y su memoria se han salvado justamente por su poética.

Nueva York, junio de 1986.

NOTAS

1.- José Martí- *Obras Completas.* Instituto Cubano del Libro. (27 tomos encuadernados, con numeración arábiga). Segunda edición, 1975. Tomo 6, pags. 199-200. (En lo adelante las citas de esta edición se indicarán así: T. número del tomo, dos guiones y luego la página.)
2.- T. 6--227.
3.- José Martí. *Obras completas.* Edición del Cincuentenario. Editorial Lex. La Habana, 1946. Tomos I y II. (T. II, Pags. 735-36). En lo adelante las referencias a esta obra se indicarán con el número del tomo seguido de guión con el número de la página. (II-735-36)
4.- T. 6--295.
5.- T. 6--317.
6.- T. 6 --368.
7.- Ivan Schulman. "Introducción" a José Martí, Ismaelillo, Versos Libres, Versos Sencillos. Cátedra. Madrid, 1983. Pag. 28.
8.- II-630.
9.- T. 10--135.
10.- II-628.
11.- I-1195.
12.- José Martí. *Páginas inéditas o desconocidas.* Habana, 1963. Pag. 291.
13.- II-23.
14.- I-4.

15.- Para más detalles sobre la redacción de *Ismaelillo*, consúltese: Rosario Rexach, *Estudios sobre Martí*, Editorial Playor, Madrid, 1986, pags. 97-128.
16.- T. 16-63.
17.- II-89.
18.- I-793.
19.- I-809.
20.- T.1--13.(Juan Marinello. "Martí en su obra." A guisa de prólogo.)
21.- I-743.
22.- I-892.
23.- II-51.
24.- I-802.
25.- II-1678.
26.- II-1678.
27.- Eugenio Florit. *Poesía en José Martí, Juan Ramón Jiménez, Alfonso Reyes, Federico García Lorca y Pablo Neruda*. Miami, 1978. Pag. 35.
28.- II-1342.
29.- II-1340.
30.- II-1364.
31.- II-1689.
32.- T. 22--325.
33.- T. 22--307.
34.- II-452-453.
35.- II-292.
36.- II-431.
37.- II-432.
38.- II-1364.
39.- II-1708.

40.- En la *Revista Ínsula*, Nos. 428-429, de Madrid, Julio-Agosto, 1982. Hay excelentes estudios en este número. Destacan además del de Jiménez, el de Ángel Rama y el de Iván Schulman.
41.- T. 22--126.
42.- José Martí. *Ismaelillo. Versos Libres. Versos Sencillos*. Edición de Ivan Schulman. Madrid, 1982.
43.- II-1408-09.
44.- II-1363.

(Publicado originalmente en *Linden Lane Magazine* (EE.UU.), Vol. IX, No. 4. Octubre-diciembre, 1990. Págs. 58-60.)

APÉNDICES

APÉNDICE I:

RESEÑA LITERARIA

José Olivio Jiménez.-LA RAÍZ Y EL ALA-(Aproximaciones críticas a la obra literaria de José Martí) Editorial PRE-TEXTOS, Diputación de Valencia, octubre de 1993.

Una de las tareas más difíciles a estas alturas del siglo XX –ya casi finalizando– es escribir sobre Martí, quien a fines del siglo pasado murió heroicamente en batalla por la libertad de Cuba, en 1895. Aquel hombre, que sólo tenía entonces cuarenta y dos años, dejaba una abra impar. Y es que, como ha dicho en un excelente libro Humberto Piñera:

> ...Martí es del egregio linaje del meditador, lo que explica la perennidad de su obra escrita, transida de un constante afán de eternidad entendido como lo substante y permanente, mas por lo mismo, en función de una omnitemporalidad que·es la única forma posible de lo eterno en el mundo...(l)

Así es. Y eso explica la aparición del libro que aquí se comenta. Es un libro nacido –como todo lo que vale– de un profundo amor. Y también del saber. Y uso la palabra saber en vez de conocer, porque una buena erudición –bien estudiada y manejada– puede otorgar conocimiento, pero no real saber. Pues éste es sabiduría y la sabiduría es lo entrañable que queda en el ser personal después de haber casi olvidado donde aprendió lo que sabe. Recuérdese el libro de Max Scheler *El Saber y la Cultura*.

Pues bien, el libro que ahora nos regala José Olivio Jiménez participa de esa cualidad esencial a todo libro que debe estar ínsita en todo empeño crítico. Es un libro que mueve a pensar y que, por supuesto, está lleno de sólido pensamiento. No debe ser tarea de quien reseña entrar a analizar el contenido de un libro de modo tal que con la sola lectura del comentario quede invalidada la lectura del texto. No. El que da cuenta de un libro debe, primordialmente, incitar a su lectura. Y eso es lo que pretenden estas páginas.

Comienza el autor por explicar los fundamentos que le guiaron en el título, LA RAÍZ Y EL ALA, con una inversión de los términos de la frase —ya ritual— que decía "ala y raíz". La razón que ofrece el profesor Jiménez para dicho cambio es sumamente válida. Y los que por larga tradición hemos leído y comentado a Martí hemos de coincidir con él. Se extiende después el autor añadiendo otras motivaciones para su obra. Innecesario señalarlas, pero sí debe destacarse el amor a España que reflejan y que queda patente en lo que sigue:

> Hablo desde ese afecto, y desde mi interés en su poesía Moderna… Y también desde algo que me inquieta: que España quede no sólo "integrada" a Europa —la moda (y necesidad) de los tiempos— sino que reencuentre, de verdad, a América. Y en este caso, al más "español", al que amó más a España, entre los americohispanos del fin del siglo pasado: José Martí.

El libro que se comenta está integrado por tres secciones: "Poesía y Existencia", "Ironía y Analogía" y "Apéndice". Las dos primeras secciones comprenden, cada una, cuatro ensayos críticos. El "Apéndice" lo integran un estudio del autor sobre "Martí, Darío y la intuición modernista de la armonía universal", más una relación de las obras consultadas y una "Nota Final".

La primera sección —tal como su título indica— tiende a probar cómo Martí anticipa, en mucho, las notas de lo que luego sería la filosofía existencial tal y como se ha manifestado en el siglo XX a través de sus más destacados representantes. Toda la sección se asiste de una excelente base teórica no sólo desde el punto de vista de la obra martiana que puede manejar a fondo —ya se sabe— sino también de una muy selecta información en cuanto a lo que es y debe considerarse como "filosofía existencial". Abundan en sus páginas citas y referencias a autores como Jaspers, Marcel, Camus, Sartre, Mounier, Nietzshe, Kierkegard o de poetas como Novalis o Hölderlin. Para este libro se ha documentado el crítico de modo sorprendente. Y nos da una visión de Martí penetrada de un profundo contenido filosófico.

El primer estudio de esta parte es un extenso análisis de ese texto sorprendente que es el Prólogo al libro de Juan Antonio Pérez Bonalde titulado *Poema del Niágara*. Sabe todo lector de Martí que este prólogo, de 1882, es uno de los textos más importantes filosófica y estilísticamente hablando de la obra martiana. Representa, nada menos, que una larga meditación sobre el sentido de la vida. Su repaso deja al lector admirado ante lo que una obra de poesía puede suscitar en un hombre de la calidad de José Martí. El profesor Jiménez no ha sido ciego frente a esos valores y los analiza cumplidamente con gran riqueza de ideación y aguda penetración. Pudiera decirse que después de leer ese estudio se siente la necesidad de volver al texto martiano y de meditar seriamente sobre lo que es la vida.

El próximo trabajo de esta parte es el que intenta una nueva ordenación trascendente en los *Versos libres* de Martí. Va el ensayo encaminado a demostrar —siempre dentro de las coordenadas de la filosofía existencial— cómo estas composiciones buscan, sin lograrlo plenamente todavía, un módulo de trascendencia. Pues estos versos, como bien dice el autor, están muy cerca aún de la experiencia de cada día por lo que expresan "un pensamiento vivo, casi en estado de gestación". Sus temas son los que están presentes en todo humano vivir: amor, patria, muerte, naturaleza, poesía. Y de la meditación y emoción frente a ellos deriva su autor una postura ética ante la vida que lo hace no desmayar en las más adversas circunstancias y que el crítico muy bien resume en estas frases:

> Lo portentoso y edificante en él es ver cómo, tan pronto cobra lucidez de ella (frustración) se levanta enérgicamente de sus ruinas, se reconstruye a la manera silenciosa y noble de un estoico y echa a andar con renovado brío.

Sigue a este estudio otro excelente que titula "Dos símbolos existenciales en la obra de Martí: la máscara y los restos". Incide este análisis en el tema anterior. La vida es dura y muchas veces el hombre se siente destrozado en la contienda. Pero hay que seguir. De esa lucha quedan huellas por el suelo; cenizas, huesos, lodo –restos, en fin– pero hay que recuperarse y emprender la ascensión hacia más altas metas. Para ello el hombre tiene muchas veces que recurrir a las máscaras y apilar los restos para luego reconstruirse. Y esto hizo Martí toda la vida. Con agudeza crítica el profesor Jiménez cavila y medita sobre el proceso en la vida de Martí y nos entrega una visión –que yo diría poética– de esa lucha en que el hombre, finalmente, se enfrenta a su propia autenticidad, a su única posible felicidad con el arma de su clara sinceridad. Y destaco que uno de los aciertos de este estudio es la relevancia que se le da al destierro como núcleo de angustias y de frustraciones y que resumo en los versos martianos que dicen:

> Palpa: ya no soy vivo, ni lo era

Cuando el barco fatal levó las anclas
Que me arrancaron de la tierra mía!

El último trabajo de esta primera parte es el que lleva por título "La ley del día y la pasión de la noche". En este texto explica el autor cómo Martí ve el día como el escenario de la lucha del hombre por subsistir y convivir y en lo que halla siempre frustración. Pero la noche es otra cosa. El profesor Jiménez concreta en unas claras frases esa dicotomía. Dicen: "La ley del día impulsa la vida activa... la pasión de la noche es urgencia de un conocimiento hondo y trascendente... y por ello mismo misterioso".

Este estudio explica con muy buena argumentación mucho de lo que está presente en la obra de Martí, fundamentalmente en su poesía. Es un trabajo iluminador en más de un sentido.

La segunda parte de este libro lleva como título "Ironía y Analogía". Deben aclararse ligeramente ambos términos dentro de la interpretación filosófica patente en estos ensayos. Por "analogía" debe entenderse que todo, en el Universo, responde a un principio unitario que armoniza todo lo que existe. Hay, en definitiva, una armonía universal. No debe olvidarse que, a fines del siglo pasado, estuvo en boga una tesis de esta armonía universal que había propuesto el alemán Carlos C. Federico Krause y que tuvo gran resonancia en España, no así en el resto de Europa ni siquiera en Alemania. Tampoco debe pasarse por alto que —en crisis la fe y endiosada la Razón— los hombres, necesitados de algo en qué creer, fundaron asociaciones secretas tendientes a orientar por sendas de armonía. Una de ellas fue la "masonería" que postulaba, si así puede decirse, "divinidades racionales". La visión analógica pues, se radica en gran parte en el sentir común de la época.

Pero la "ironía" es precisamente lo opuesto a la analogía. Es lo que introduce análisis, y en algún modo ruptura, en esa unidad. Procede de la inteligencia razonadora que para entender necesita dividir, organizar, esquematizar. La "ironía", por tanto, tiene que ver con la existencia múltiple de cada día. En oposición, la "armonía o analogía" se mueve en el área de la trascendencia.

En su estudio el crítico aplica estos conceptos a la interpretación de la obra martiana y lo enfoca en cuatro áreas o temas: la poesía, la crónica sobre la inauguración de la Estatua de la Libertad, las páginas sobre el terremoto de Charleston y las anticipaciones en Martí de la poesía hispánica moderna, o sea, del siglo XX.

Es increíble la intuición y seguridad con que José Olivio Jiménez se mueve en estas áreas.

En el trabajo referente a la poesía, aplica los conceptos antedichos a la estructuración de los llamados *Versos Libres*, donde predomina la "ironía". Y refiriéndose luego, a la aparición, mucho más tardía, de los *Versos Sencillos*, encuentra en ellos —como era de esperarse— más de la "analogía".

En la interpretación de la crónica sobre la Estatua de la Libertad es admirable el contraste que se establece entre lo genérico o masivo y lo concreto o individual. Y llama la atención en el texto una frase que abre nuevas perspectivas en los estudios sobre el escritor cubano. Es la que dice: "Habrá que estudiar alguna vez el arte del retrato en Martí".

En la crónica sobre el terremoto de Charleston —tan bien analizada— contrapone el crítico los aspectos analógicos e irónicos que hay en todo fenómeno natural. Y ensalza, muy justamente, los valores estilísticos de esta crónica al escribir: "...desde los comienzos mismos, se nos impone esta verdad: es un artista, no un periodista, quien nos va a narrar la catástrofe." Para añadir más adelante: "comienza [Martí] por entregar a sus lectores un firme punto de apoyo moral y ontológico en torno a la condición humana".

En el último estudio de esta parte, con muy buen conocimiento de causa, se exponen las razones por las que Martí anticipó mucho de la poesía hispánica de este siglo, criterio que, en alguna medida y no tan detalladamente, habían sugerido previamente reputados estudiosos como Federico de Onís, Unamuno, José M. Valverde, Fernando de los Ríos, Juan Ramón Jiménez y, de cierto modo, Eugenio Florit. Y es que los rasgos esenciales de la poesía en español en este siglo estuvieron presentes o sugeridos en Martí. Así, el simbolismo, el expresionismo y otros aspectos de la visión existencialista de la vida se analizan con riqueza de información y de interpretación.

Y ahora al "Apéndice". Lo importante en él es el estudio en que se confrontan las tesis sobre la armonía en Martí y Darío. En su desarrollo, con gran justicia, se aclara la posición de Darío que, en modo alguno, difiere radicalmente de la posición martiana.

Y después de enumerar las obras consultadas termina el libro con una "Nota final" en que el autor da cuenta del origen de los trabajos publicados. Nada más se añade. Sólo destacar que la edición de este libro, de obligada lectura, es primorosa.

Nueva York, agosto de 1994

(Reseña publicada originalmente en la *Revista Iberoamericana*, Núm. 174, enero-marzo 1996, págs. 286-289.)

APÉNDICE II: REPORTAJE DE 1953.
EXPOSICIÓN "JOSÉ MARTÍ"

Bajo el lema martiano "Ser culto es el único modo de ser libre" inauguró el Lyceum la serie de actividades con que a través de todo el año se propone conmemorar el centenario del natalicio de José Martí.

Dos fueron los actos de inauguración señalados para el día 28 de enero: una conferencia del doctor Jorge Mañach titulada "Significación del Centenario" que se vio concurridísima y parte de la cual se ofrece en estas páginas; y una exposición de documentos martianos. Para hacer un comentario de esta exposición redactamos estas líneas.

Y lo primero que habría que reseñar es que si pudo celebrarse fue en gracia a la colaboración generosa de un grupo de amigos que –como si fueran de la casa– pusieron todos sus documentos y obras a nuestra disposición. A ellos, señorita Frances Guerra, señora Candita Gómez Calás de Bandujo, señora Silvia Lobé de Smith, señora Carmen Hernández Miyares de Núñez, doctor Luis Baralt, Ing. Salvador Vilaseca, doctor Jorge Mañach, doctor Juan Fonseca, señor Conrado Massaguer, y a cuantos más colaboraron con nosotros váyales aquí nuestra gratitud.

Y ahora es necesario preguntarse qué criterio siguió el montaje. Pues éste: hacer una exposición ilustrada con fotografías y documentos del itinerario de la vida y la obra de Martí. Para ello contamos en muchas ocasiones con los originales. En otros casos con reproducciones directas. En algunos fue necesario extraer de revistas de la época, muy singularmente de "Cuba y América", las reproducciones que deseábamos.

Con este criterio, las tres vitrinas que se encuentran a la derecha del salón se destinaron a exponer las fotografías y documentos referentes a los primeros años de su vida, a su juventud, a algunas amistades. Allí estaban los retratos de sus padres y hermanas, el de su esposa y su hijo, el de la casa en que nació y una copia fotostática de la primera carta a la madre fechada en 1862. Entre los documentos que ilustraban sus años de juventud había un retrato de su maestro don Rafael María Mendive y un valioso libro de poemas del propio Mendive y dedicado por él a la señorita Julia Martínez. También un retrato de Fermín Valdés Domínguez, el amigo de siempre, y junto a él, un fragmento del original de la carta en que Martí presenta a su amigo a la cubana Paulina Pedroso, residente en el Cayo, donde le dice: "Hay un hombre a quien quiero yo, porque es bueno, porque es valiente, porque es generoso como si fuera de mis entrañas... Él vale más que yo. Prepárele mi cama y quiéralo mucho..."

La última vitrina de esta sección contenía una serie de documentos interesantísimos, la mayoría de ellos inéditos. Eran cartas y retratos dedicados por Martí a algunos amigos. En grupo aparte sobresalían las dirigidas a la señorita Adelaida Baralt, más tarde casada con Federico Edelman y Pintó, también amigo de toda su estimación. Conmueve el suave humor y la ternura que hay en estas notas. De ellas tomamos el soneto con que Martí se excusa de no poder asistir a una reunión a la que ha sido invitado por la señorita Baralt. Dice así:

> Ayer, linda Adelaida, en la pluviosa
> Mañana, vi brillar un soberano
> Árbol de luz en flor, —ay, un cubano
> Floral— nave perdida en mar brumosa.
>
> Y en sus ramas posé, como se posa
> Loco de luz y hambriento de verano
> Un viejo colibrí, sin pluma y cano,
> Sobre la rama de un jazmín en rosa.

Mas pronto, el ala triste: Cruzo el río,
Y hallo a mi padre audaz, nata y espejo
de ancianos de valor, enfermo y frío

De nostalgia y de lluvia: —¿cómo dejo
Por dar, linda Adelaida, fuego al mío,
Sin fuego y solo el corazón del viejo?...

También hay allí algunas cartas a los hijos del Generalísimo [Máximo Gómez]: Clemencia y Máximo Gómez Toro. En la que dirige a Clemencia, la dulce amiga, dice:

Clemencia:/De mi pobreza quería mandar a usted un recuerdo, ahora que vuelve el viajero querido, para que no olvide usted que tiene en mí un hermano, que es palabra de que se abusa en este mundo, pero que yo no empleo nunca sin verdad ni razón...

Había también la carta a Mariana Guerra, viuda de Barranco, en que se excusa de no haberle escrito antes, diciéndole: "¿Qué pecado he cometido que me despierto así? Y era el recuerdo enojoso de que, por querer saludarla a usted con muchos perfiles..." donde se revela la espontaneidad y sencillez que fueron quizás una de las armas más poderosas de su obra. Una carta autógrafa a la madre Zulueta, con quien se educaban las hijas de don Miguel Figueroa, muestra lo bien que sabía hacerse cargo de sus deberes de amigo sin descuidar por eso los otros mayores. Un retrato finamente dedicado a Tomasa Figueredo, un álbum de Ubaldina Barranco de Guerra, el original de la estrofa "Flor de Hielo" también dedicada a ella, completaban, entre otras cosas, el contenido de esta vitrina de profundo interés humano.

El testero principal del salón se destinó a la vida pública de Martí. En primer término estaban sus amigos de la Revolución. Cartas inéditas, fotografías y un libro suyo, el *Ismaelillo*, dedicado a Néstor Ponce de León, estaban allí. Se podía leer igualmente la copia fotostática de la carta a José M. Pérez Pascual, cuyo original se exhibe en la casa natal, y que dice: "Por la largueza en el elogio no se conoce el mérito del elogiado sino el gallardo corazón de quien se lo aplaude y exagera." Y destacándose por su valor documental, un grupo de cartas originales a Federico Edelman, el buen amigo. En una le dice: "¡En qué apuros me veo! Al fin tengo que darle el enojo, y por ferrocarril, como todo lo de esta apurada vida mía. Prometí y usted me ayudará a cumplir." Y en otra le dirá eso que han sentido en carne propia todos los que gustan de excederse en servir: "Sea usted bueno y todo el mundo le cae encima: aunque yo no sé que haya gusto mayor que servir de algo a los demás..." También estaba allí, mereciendo comentario aparte, el documento en que aparece la carta-renuncia a la Presidencia de la Sociedad Literaria Hispano-Americana, y que dicha sociedad creyó oportuno imprimir para darla a conocer a sus asociados en la carta-circular en que se convocaba para conocer de dicha renuncia. En la imposibilidad de reproducirla por su extensión, hay que señalar la dignidad y delicadeza que en ella revelara Martí, que sabía renunciar cuando los principios por los que estaba dando la vida podían peligrar, aunque sólo fuere en apariencia.

La vitrina principal de este testero se dedicó a la actividad revolucionaria y política de José Martí. El centro lo ocupaba un mapa de la ruta de Playitas a Dos Ríos que ilustra el camino hacia la muerte y la gloria, vencida ya la parte fundamental de su obra. Varias fotografías, apenas conocidas, de los lugares y campamentos en que Martí se detuviese, acompañado de Máximo Gómez, de Marcos del Rosario y otros patriotas, ilustraban la ruta. A la derecha de este mapa una serie de documentos valiosísimos. Por ejemplo, la orden de levantamiento dirigida de puño y letra de Martí a Juan Gualberto Gómez, una de las claves usadas en los documentos secretos, la última página escrita por él pocos momentos antes de caer herido, aparecían allí reproducidas fotostáticamente junto a la carta, también en reproducción, dirigida a Federico Henríquez y Carvajal y que se considera su testamento político. Y resaltando por su importancia documental tres cartas originales dirigidas a Benjamín Guerra, el amigo y compañero de la Emigración y la Revolución. En ellas se ve lo bien y sinceramente que matizaba Martí la expresión de sus afectos. Así, en la primera carta dice solamente con el respeto y la distancia a que obliga una relación recién creada: "Mi señor". Después le dirá: "Mi señor y amigo". Y ya más tarde, enraizada la amistad, le podrá decir con aquella dulce intimidad que todos celebraban: "Mi amigo Benjamín". En una de estas cartas hace referencia al amigo a quien creyó más fiel para recibir su testamento literario, a Gonzalo de Quesada, diciendo: "Con ojos de padre orgulloso he leído lo del viaje de Gonzalo..."

Completaban esta vitrina dos discursos pronunciados por dos eminentes cubanos, y firmados por ellos, dedicados a rendir homenaje a Martí, recientemente caído en los campos de Dos Ríos. Son los discursos de Enrique José Varona y Manuel Sanguily. En ellos la figura del Apóstol se mantiene erguida para servir de guía y sostén a sus ideales en marcha. Las fotografías de la primitiva tumba en el cementerio de Santiago de Cuba, así como de la actual, un magnífico retrato de Máximo Gómez, una fotografía de la casa de Montecristi, así como la reproducción de un fragmento del manifiesto que allí se redactara por Martí, para servir de doctrina a la Revolución completaban, entre otras cosas, ese nicho.

El siguiente contenía tres cartas autógrafas. Una dirigida al general Antonio Maceo, una pequeña nota a su amigo Losa, también autógrafa, y la célebre carta a Teodoro Pérez en que manifiesta su repulsa a que exista la lotería en la República, ya organizada, por cuanto un pueblo no debe fiar su suerte al azar, sino al esfuerzo y al trabajo de cada uno de sus hijos. Un excelente retrato de la época de Antonio Maceo completaba este nicho.

La vitrina principal del fondo del salón tenía un carácter periodístico. Había allí reproducciones facsimilares de los principales periódicos en que Martí colaborara. Estaban ejemplares reproducidos de *Patria*, de la *Revista Venezolana*, de *La Edad de Oro* —que como se sabe fue un periódico dedicado a los niños— y una, muy valiosa, de *El Diablo Cojuelo*, el primer periódico revolucionario fundado por Martí cuando apenas tenía dieciséis años. En el mismo nicho, el primer número de *El Fígaro* salido después de su muerte, y en que llama la atención el respeto que merecía su figura, pues le dedican toda una página con comentarios y fotografías. Y no puede olvidarse que esto ocurría en La Habana, bajo la dominación española, en pleno mes de mayo de 1895. También dos números del periódico *La Caricatura*, de la misma época, en que se reporta su caída. Y un número de *El Grito de Yara*, periódico independentista, de 1898, cuando la Intervención Norteamericana, en que se reproduce el Discurso de Martí en homenaje a los estudiantes fusilados en 1871.

El otro nicho de este mismo panel contenía los libros publicados en México y Guatemala sobre nuestro héroe, o de él, junto con algunas fotografías de amigos suyos en dichas tierras. Merece destacarse por su importancia el pequeño opúsculo del guatemalteco Domingo Estrada, que fuera su amigo, y que al enterarse de su caída en Dos Ríos lo escribió en París a fines del año 1895, no pudiendo publicarlo hasta 1899, después de terminada la guerra de Cuba. Dado el conocimiento que tenía Estrada de Martí es éste un documento que debe leer todo el que se interese por su vida. Las fotografías de José María

Izaguirre, que le abriera las puertas de la Escuela Normal y de la célebre María García Granados, la "Niña de Guatemala", ilustraban esta vitrina, así como una copia fotostática de un billete dirigido por Martí a la artista Concha Padilla y titulado "¿Qué es el amor?", completaban el contenido de este nicho junto con los libros de los mexicanos Andrés Iduarte, Camilo Carrancá Trujillo y Mauricio Magdaleno sobre distintos aspectos de la obra de nuestro hombre ejemplar.

Por último, una de las vitrinas del panel izquierdo del salón, exponía sus obras completas, en las ediciones de la Editorial Trópico y en la más reciente de la Editorial Lex. También estaba la edición de las "Cartas a una Niña" compiladas por Félix Lizazo, y un retrato de María Mantilla, quizás su más tierno afecto.

En la otra vitrina se exponían las obras de Martí o sobre Martí publicadas fuera de Cuba. Había allí traducciones de poemas suyos al francés y al portugués. Y numerosas ediciones de algunas de sus obras hechas en distintos países de Hispano-América. También estudios sobre el hombre y su obra. Entre ellos, el libro que le dedicara Vargas Vila, que fuera amigo suyo, la versión al inglés de la biografía de Martí por Mañach, publicada en Nueva York; y mereciendo comentario aparte, el excelente número con que la revista *Anales de la Universidad de Chile* ha rendido homenaje en este centenario a la figura de nuestro prócer.

Un cuadro al óleo de Martí, copia del original de Norman que está en la casa natal, y hecha por el doctor Jorge Mañach, estaba situado a la entrada del salón.

La exposición se completaba con una gran mesa en el centro presidida por un busto de Martí, del escultor Sicre, en donde se exponían todos los periódicos y revistas publicados en La Habana durante la semana martiana, que demostraban la devoción con que la prensa cubana se sumaba al homenaje a José Martí.

Cuatro días estuvo abierta al público esta Exposición. Por la acogida que tuvo reiteramos la más viva gratitud a nuestros colaboradores, y la hacemos extensiva a todos sus visitantes.

(Publicado originalmente en *Revista Lyceum*, La Habana, 1953. Páginas 99-104)

APÉNDICE III:

BIBLIOGRAFÍA PARCIAL (1938-2002) DE ROSARIO REXACH

LIBROS

Nuevos estudios sobre Martí. Introducción de Eduardo Lolo. Miami: Ediciones Universal, 2002.

Estudios sobre Gertrudis Gómez de Avellaneda. (La reina mora del Camagüey). Introducción de Marina Gálvez Acero. Madrid: Verbum, 1996.

Dos figuras cubanas y una sola actitud. Miami: Ediciones Universal, 1991.

Estudios sobre Martí. Prólogo de Gastón Baquero. Madrid: Playor, 1985.

Rumbo al punto cierto. Texto de solapa de Odón Betanzos. Madrid-Nueva York: Editorial Mensaje, 1979.

El carácter de Martí y otros ensayos. La Habana: Publicaciones de la Comisión Cubana de la UNESCO, 1954.

El pensamiento de Félix Varela y la formación de la conciencia cubana. La Habana: Ediciones Lyceum, 1950.

ENSAYOS APARECIDOS EN LIBROS (COMPILACIONES, MEMORIAS DE CONGRESOS, ETC.)

"Re-lectura de dos obras de Reinaldo Arenas." En: *Reinaldo Arenas. Recuerdo y Presencia.* Miami: Universal, 1994. Págs. 139-150.

"El proceso antiesclavista en Cuba: de la emoción a la codificación." *Actas del XXVIII Congreso de la Asociación Internacional de Hispanistas,* 1994. Págs. 461-468.

"Presencia de similitudes entre Marti y Unamuno. *Actas del XXVIII Congreso de la Asociación Internacional de Hispanistas,* 1994. Págs. 329-337.

"Palabras de introducción a la publicación de Jorge Mañach." En: *Crisis de la alta cultura en Cuba e Indagación del choteo,* de Jorge Mañach. Miami: Universal, 1991. Págs. 7-13.

"Un nuevo epistolario amoroso de la Avellaneda." *Actas del X Congreso de la Asociación Internacional de Hispanistas,* 1991. Págs. 1421-1429.

"El Lyceum de La Habana como institución cultural." *Actas del IX Congreso de la Asociación Internacional de Hispanistas,* Tomo II, 1989. Págs. 679-690.

"Intertextualidad y contextos en el libro *La Havane* de la Condesa de Merlín. *Actas del XXVII Congreso de la Asociación Internacional de Hispanistas,* 1988.

"Lydia Cabrera, persona." En: *En torno a Lydia Cabrera*. Ed. de Isabel Castellanos y Josefina Inclán. Miami: Universal, 1987. Págs. 65-67.

"Conexiones entre las leyendas de Bécquer y las de la Avellaneda." *Actas del XXIII Congreso de la Asociación Internacional de Hispanistas*, 1987. Págs. 259-267.

"Cristalización de una personalidad." En: *In Memoriam: Elena Mederos de González*. Miami: Publicaciones Lyceum, 1982. Págs. 1-4.

"Nostalgia de Cuba en la obra de la Avellaneda." En: *Homenaje a Gertrudis Gómez de Avellaneda*. Ed. de Rosa M. Cabrera y Gladys Zaldívar. Miami: Ed. Universal, 1981. Págs. 265-280.

"Prólogo" a: *Alejo Carpentier: estudios sobre su narrativa*, de Esther Mocega-González. Madrid: Playor, 1980. Págs. 9-17.

"Los ensayistas de la *Revista Avance*: Francisco Ichaso." *Actas del VI Congreso de la Asociación Internacional de Hispanistas*, 1980. Págs. 593-596.

"Texto y contexto venezolanos en los cuentos de Rómulo Gallegos." En: *Relectura de Rómulo Gallegos*. Caracas: Instituto Internacional de Literatura Iberoamericana, 1980. Págs. 293-301.

"El Siglo de las Luces: biografía de una ilusión." *Actas del XVII Congreso de la Asociación Internacional de Hispanistas*, 1978. Págs. 511-528.

ENSAYOS Y ARTÍCULOS APARECIDOS EN PERIÓDICOS Y REVISTAS

"Enrique Anderson Imbert: notable escritor y profesor." *Hispania* 84.2 (May 2001): 155-156.

"La novela como género literario." *Anales de Literatura Hispanoamericana* (Universidad Complutense de Madrid), No. 28, 1999. Págs. 343-353.

"La descripción en la prosa de Jorge Mañach." *Círculo: Revista de Cultura* (EE.UU.), Vol. XXVIII, 1999. Págs. 129-136.

"Homenaje a José Antonio Saco. Comentario a su Historia de la esclavitud." *Círculo: Revista de Cultura* (EE.UU.), Vol. XXVII, 1998. Págs. 57-64.

"Heredia como crítico literario." *Círculo: Revista de Cultura* (EE.UU.), Vol. XXVI, 1997. Págs. 149-157.

"El periodista que fue José Martí: cómo se gestó." *Círculo: Revista de Cultura* (EE.UU.), Vol. XXV, 1996. Págs. 169-176.

"Susana Redondo y su obra en ColumbiaUniversity." *Revista Hispánica Moderna* (Nueva York), Vol. XLIX, Núm. 2, diciembre 1996. Págs. 202-210.

"Reseña del libro *La raíz y el ala*, por José Olivio Jiménez." *Revista Iberoamericana*, Núm. 174, enero-marzo 1996. Págs. 286-289.

"José Martí en 1894: Concreción y consagración de una vida." *Cuadernos del Lazarillo* (España), No. 9, septiembre-diciembre 1995. Págs. 30-34.

"Roberto Agramonte: maestro y ejemplo." *Círculo: Revista de Cultura* (EE.UU.), Vol. XXIV, 1995. Págs. 27-35.

"Pedro Blanco, el negrero: ¿novela o biografía novelada? Valores históricos y literarios. *Revista Iberoamericana* (University of Pittsburgh, Pennsylvania), 1995. Págs. 203-210.

"El Círculo de Cultura Panamericano y sus treinta años de servicio a la cultura hispánica." *Círculo: Revista de Cultura* (EE.UU.), Vol. XXIII, 1994. Págs. 9-15.

"La hazaña de Colón y su sentido para el mundo hispánico." *Círculo: Revista de Cultura* (EE.UU.), Vol. XXII, 1993. Págs. 9-16.

"Las raíces y su integración en la obra de Jorge Mañach." *Círculo: Revista de Cultura* (EE.UU.), Vol. XXI, 1992. Págs. 33-45.

"La obra crítica de Enrique Piñeyro." *Círculo: Revista de Cultura* (EE.UU.), Vol. XX, 1991. Págs. 85-94.

"Eugenio Florit dentro de su generación." *Revista Hispánica Moderna* (EE.UU.), Año XLIV, Núm. 1, 1991. Págs. 73-81.

Reseña del libro *La mala memoria* por Heberto Padilla. *Linden Lane Magazine* (EE.UU.), Vol. IX, Nos.1-2, enero-junio 1990. Pág. 27.

Reseña del libro *Hispanoamérica: el círculo perfecto* por Esther Mocega-González. *Círculo: Revista de Cultura* (EE.UU.), Vol. XIX , 1990. Págs. 191-194.

"La Poética de José Martí." *Linden Lane Magazine* (EE.UU.), Vol. IX, No. 4. Octubre-diciembre, 1990. Págs. 58-60.

"Recordando a Enrique Gay Calbó." *Diario Las Américas* (EE.UU.), domingo 25 de febrero de 1990.

"La segunda generación republicana en Cuba y sus figuras principales." *Revista Iberoamericana*. Núm. 152-153, 1990. Págs. 1291-1311.

"Un recuerdo de Monseñor Raúl del Valle." *Diario Las Américas* (EE.UU.), jueves 28 de septiembre de 1989.

"Nostalgia, vocación y obra en el Padre Varela." *Círculo: Revista de Cultura* (EE.UU.), Vol. XVIII, 1989. Págs. 75-87.

"En torno al libro *Perfil y aventura del hombre en la Historia*, de Octavio R. Costa." *Diario Las Américas* (EE.UU.), sábado 3 de junio de 1989.

"Comentario al libro *Vidas cubanas* de José Ignacio Rasco." *Diario Las Américas* (EE.UU.), domingo 6 de agosto de 1989.

"Jorge Mañach, tributo al hombre y a su obra." *Linden Lane Magazine* (EE.UU.), Vol. VI, Nos. 2-3. Abril-septiembre 1987. Págs. 18-20.

"Significación y premonición de la muerte en José Martí." *Noticias de Arte* (Nueva York), Año X, Núms. 5-6, mayo-junio 1987, Pág. 4.

"Martí en España." *Noticias de Arte* (Nueva York), Año X, Núm. 1, enero-febrero 1987, Pág. 7.

"Reseña al libro *Jorge Mañach: Bibliografía*, por Dolores Rovirosa." *Círculo: Revista de Cultura* (EE.UU.), Vol. XVI, 1987. Págs. 145-147.

"Enrique Anderson Imbert. Un novelista en tres tiempos: Vigilia, Fuga, Victoria." *Anales de Literatura Hispanoamericana* (España). No. 14, 1985. Págs. 151-160.

"Una carta olvidada de la Avellaneda. *Folio* (State Universuty of New York at Brockport) Number 16, December 1984. Págs. 1-8.

"El recuerdo de Julio Lobo." *Diario Las Américas* (EE.UU.), 12 de junio de 1983.

"Elena Mederos en el primer aniversario." *Diario Las Américas* (EE.UU.), sábado 25 de septiembre de 1982.

"Las bodas de oro del Padre Iñurrieta." *Diario Las Américas* (EE.UU.), sábado 13 de marzo de 1982.

Elena Mederos por siempre." *Diario Las Américas* (EE.UU.), martes 23 de febrero de 1982.

"La estructura del ensayo en Jorge Mañach." *Círculo: Revista de Cultura* (EE.UU.), Vol. VII, 1978. Págs. 9-31.

Reseña del libro *Epistolario Alfonso Reyes-José M. Chacón* por Zenaida Gutiérrez-Vega. *Cuadernos Americanos*, (México), julio-agosto 1977. Págs. 206-207.

Reseña del libro *Antología crítica de la prosa modernista hispanoamericana* por José Olivio Jiménez y Antonio Radamés de la Campa. *Cuadernos Americanos*, (México), enero-febrero 1976. Págs. 247-249.

"La soledad como sino en Antonio Machado." *Cuadernos Hispano-Americanos*, (España), Nos. 304-307, Tomo II. "Homenaje a Manuel y Antonio Machado." 1975-1976. Págs. 629-646.

Reseña de *Narradores cubanos de hoy*, por Julio Hernández Miyares. *Ínsula* (España), 1975.

"La Avellaneda como escritora romántica." *Anales de Literatura Hispanoamericana*. (Universidad Complutense de Madrid), Año 1, Nos. 2-3, 1973-1974. Págs. 241-254.

"La temporalidad en tres dimensiones poéticas: Unamuno, Jorge Guillén y José Hierro." *Cuadernos Hispano-Americanos*, (España), Nos.289-290, julio-agosto 1974. Págs. 86-119.

"Algunas consideraciones sobre el 'hombre nuevo' en la novela picaresca española." *Cuadernos Hispano-Americanos*, (España), No. 275, mayo 1973. Págs. 367-377.

"La actitud de Feijóo ante el milagro." *Yelmo* (Madrid), octubre-diciembre 1971. Págs. 39-45.

"Vivencia y experiencia literarias en Alfonso Reyes." *Cuadernos Hispano-Americanos*, (España), Nos. 248-249, agosto-septiembre 1970. Págs. 512-529.

Reseña de *La Celestina a través del Decálogo*, por Carlos Ripoll. *Ínsula* (España), Año XXV, Núm. 292, 1970. Pág. 8

"Las mujeres del 68." *Revista Cubana* (Nueva York), Año 1, Núm. 1, 1968. Págs. 123-142.

"España en Unamuno y Ortega." *Revista Hispánica Moderna* (Nueva York), Vol. XXXIII, Núm. 3-4, julio-octubre 1967. Págs. 262-279.

"El intelectual que fue Ortega." *Exilio. Revista de Humanidades.* (EE.UU.), primavera 1966.

"La *Revista de Avance*, publicada en La Habana, 1927-1930." *Caribbean Studies* (Puerto Rico), Vol. 5, October 1963. Págs. 3-16.

"Influencia de la familia en la educación." *Revista de la Universidad de La Habana*, 1960.

"Don José Ortega y Gasset, Caballero de la Verdad." *Cuadernos Americanos*, (México), No. 5, septiembre-octubre 1956. Págs. 106-122.

"Diálogo sobre Sócrates." *Cuadernos de la Universidad del Aire*. La Habana, 1954.

"Diálogo sobre Emerson." *Cuadernos de la Universidad del Aire*. La Habana, 1954.

"Idea de la Historia de la Filosofía." *Publicaciones de la Sociedad Cubana de Filosofía.* Ensayo #5. La Habana, 1954.

"Sobre el progreso en la Filosofía." *Publicaciones de la Sociedad Cubana de Filosofía.* Ensayo #3. La Habana, 1953. Págs. 15-19.

"Exposición José Martí." *Revista LYCEUM* (La Habana), 1953. Págs. 99-104.

"El carácter de Martí." *Cuadernos Americanos*, (México), mayo-junio 1953.

"El Padre José Agustín Caballero y su influencia en la conciencia cubana." *Cuadernos de la Universidad del Aire.* La Habana, 1952.

"El imperio de la razón." *Cuadernos de la Universidad del Aire.* La Habana, agosto de 1952. Págs. 35-43.

"El canto del cisne helénico." *Cuadernos de la Universidad del Aire.* La Habana. 1951.

"¿Está la mujer cubana llenando su función?" *Cuadernos de la Universidad del Aire.* La Habana. Mayo de 1950. Cuaderno 17. Págs. 13-19.

"La mujer en el mundo de hoy." *Cuadernos de la Universidad del Aire.* La Habana. 1949.

"El proceso hacia la autonomía de la razón." *Cuadernos Americanos*, (México), No. 3, mayo-junio 1948. Págs. 92-102.

"El problema de los fines y de los medios en la educación." Separata de la *Revista de la Universidad de La Habana*, 1948. Págs. 3-24.

"Cura de heroísmo." *Bohemia* (Cuba), enero 6 de 1948. Traducido al inglés y publicado como "Therapy of Heroism. Political and Philosophical spproach to the political situation in Cuba in 1948." En: *Anthology of Cuban Thought on the 20th Century*. E. Joseph de Armas & Charles Steele. Miami: Universal, 1978. Págs. 87-101.

"Revalorando a Rousseau." *Cuadernos Americanos*, (México) No. 1, enero-febrero 1947. Págs. 105-116.

"Orientación vocacional de la mujer en Cuba". *Diario El Mundo* (La Habana), 1938.

LIBROS PUBLICADOS POR EDICIONES UNIVERSAL EN LA **COLECCIÓN FORMACIÓN MARTIANA:**

059-3	SINFONÍA MARTIANA (biografía en verso de J. Martí), Hernando D'Aquino
112-3	TEMAS E IMÁGENES EN LOS VERSOS SENCILLOS DE JOSÉ MARTÍ, Gastón J. Fernández
146-8	MARTÍ Y LA FILOSOFÍA, Wifredo Fernández
154-9	DE CARA AL SOL (los últimos momentos del Apóstol José Martí), Jorge A. de Castroverde
242-1	IDEA, SENTIMIENTO Y SENSIBILIDAD DE JOSÉ MARTÍ, Humberto Piñera Llera
266-9	LOS VERSOS SENCILLOS DE JOSÉ MARTÍ, J. Alberto Hernández Chiroldes
319-3	MARTÍ EN LOS CAMPOS DE CUBA LIBRE, Rafael Lubián y Arias
333-9	POESÍAS, José Martí
353-3	LA GUERRA DE MARTÍ (La lucha de los cubanos por la independencia), Pedro Roig
354-1	EN LA REVOLUCIÓN DE MARTÍ, Rafael Lubián y Arias
361-4	EL MAGNETISMO DE JOSÉ MARTÍ, Fidel Aguirre
417-3	MARTÍ CONSPIRADOR, Eladio Álvarez Ruiz & José Albuerne Rivera
517-X	TRES VISIONES DEL AMOR EN LA OBRA DE JOSÉ MARTÍ, Louis Pujol
771-7	MAR DE ESPUMA (Martí y la literatura infantil), Eduardo Lolo
792-X	CRONOLOGÍA MARTIANA, Delfín Rodríguez Silva
889-6	LA MUJER EN MARTÍ. En su pensamiento, obra y vida, Onilda A. Jiménez
906-X	MARTÍ EL POETA (poesías completas de José Martí) Ricardo Rafael Sardiña Ed.
920-5	JOSÉ MARTÍ: ANÁLISIS Y CONCLUSIONES, Ángel Cuadra
925-6	SER Y ESENCIA DE MARTÍ, Octavio R. Costa
990-6	NUEVOS ESTUDIOS SOBRE MARTÍ, Rosario Rexach

Libros publicados en la
COLECCIÓN CLÁSICOS CUBANOS

1) 011-9 ESPEJO DE PACIENCIA, Silvestre de Balboa
 (Edición de Ángel Aparicio Laurencio)
2) 012-7 POESÍAS COMPLETAS, José María Heredia
 (Edición de Ángel Aparicio Laurencio)
3) 026-7 DIARIO DE UN MÁRTIR Y OTROS POEMAS,
 Juan Clemente Zenea (Edición de Ángel Aparicio Laurencio)
4) 028-3 LA EDAD DE ORO, José Martí
 (Introducción de Humberto J. Peña)
5) 031-3 ANTOLOGÍA DE LA POESÍA RELIGIOSA DE LA AVELLANEDA, (Gertrudis Gómez de Avellaneda)
 Florinda Álzaga & Ana Rosa Núñez (Ed.)
6) 054-2 SELECTED POEMS OF JOSÉ MARÍA HEREDIA IN ENGLISH TRANSLATION, José María Heredia
 (Edición de Ángel Aparicio Laurencio)
7) 140-9 TRABAJOS DESCONOCIDOS Y OLVIDADOS DE JOSÉ MARÍA HEREDIA,
 (Edición de Ángel Aparicio Laurencio)
8) 0550-9 CONTRABANDO, Enrique Serpa
 (Edición de Néstor Moreno)
9) 3090-9 ENSAYO DE DICCIONARIO DEL PENSAMIENTO VIVO DE LA AVELLANEDA (Gertrudis Gómez de Avellaneda),
 Florinda Álzaga & Ana Rosa Núñez (Ed.)
10) 0286-5 CECILIA VALDÉS, Cirilo Villaverde
 (Introducción de Ana Velilla) /coedición Edit. Vosgos)
11) 324-X LAS MEJORES ESTAMPAS DE ELADIO SECADES
 Eladio Secades
12) 878-0 CUCALAMBÉ (DÉCIMAS CUBANAS), Juan C. Nápoles Fajardo
 (Introducción y estudio por Luis Mario)
13) 482-3 EL PAN DE LOS MUERTOS,
 Enrique Labrador Ruiz
14) 581-1 CARTAS A LA CARTE, Enrique Labrador Ruiz
 (Edición de Juana Rosa Pita)
15) 669-9 HOMENAJE A DULCE MARÍA LOYNAZ.
 Edición de Ana Rosa Núñez
16) 678-8 EPITAFIOS, IMITACIÓN, AFORISMOS, Severo Sarduy
 (Ilustrado por Ramón Alejandro. Estudios por Concepción T. Alzola y Gladys Zaldívar)
17) 688-5 POESÍAS COMPLETAS Y PEQUEÑOS POEMAS EN PROSA EN ORDEN CRONOLÓGICO DE JULIÁN DEL CASAL.
 Edición y crítica de Esperanza Figueroa

18) 722-9   VISTA DE AMANECER EN EL TRÓPICO,
             Guillermo Cabrera Infante
19) 881-0   FUERA DEL JUEGO, Heberto Padilla
             (Edición conmemorativa 1968-1998. Poemas y documentos.)
20) 906-X   MARTÍ EL POETA (Poesías completas), José Martí
             (Edición y estudio de Ricardo R. Sardiña)
21) 826-8   HOMENAJE A EUGENIO FLORIT
             (Edición de Ana Rosa Núñez, Rita Martin y Lesbia de Varona)
22) 947-7   LA EDAD DE ORO, José Martí
             (Edición crítica por Eduardo Lolo)
23) 964-7   LA EROSIÓN DEL TIEMPO. ENSAYOS CUBANOS,
             Gastón Baquero / Edición de Alberto Díaz Díaz